左翼憲法学者の「平和」の論理診断

RYUHO OKAWA
大川隆法

まえがき

国会審議が紛糾《ふんきゅう》している。三人の憲法学者が、国会で、安倍政権が進める安保法案を「違憲」と断定したことにより、「憲法学者群《ぐん》」対「国会与党」の対立という異例の事態になり、左翼系マスコミが、これをもてはやして喜んでいる。

今回、本書では、自民党から参考人として国会に招かれながら、安保法案を「違憲」と論じて、日本国中を大騒ぎにさせた中心人物、即ち、憲法学者・長谷部《はせべ》恭男《やすお》早大教授の本心にスピリチュアル・インタビューを試みた。緻密《ちみつ》に法律の文章を練るように述べられたわけではない。一般人に理解できる言葉で、「平和」の論理をディベートしてみた。

この国が、正しい針路を見誤らないための、一助《いちじょ》となれば幸いである。

二〇一五年　六月十四日

幸福《こうふく》の科学《かがく》グループ創始者兼総裁《そうししゃけんそうさい》
幸福実現党総裁《こうふくじつげんとうそうさい》　大川隆法《おおかわりゅうほう》

左翼憲法学者の「平和」の論理診断　目次

左翼《さよく》憲法学者の「平和」の論理診断《しんだん》

二〇一五年六月十三日　収録
東京都・幸福の科学総合本部にて

「霊言現象《れいげん》」とは、あの世の霊存在の言葉を語り下ろす現象のことをいう。これは高度な悟《さと》りを開いた者に特有のものであり、「霊媒現象《れいばい》」（トランス状態になって意識を失い、霊が一方的にしゃべる現象）とは異なる。また、人間の魂《たましい》は原則として六人のグループからなり、あの世に残っている「魂の兄弟」の一人が守護霊《しゅごれい》を務めている。つまり、守護霊は、実は自分自身の魂の一部である。したがって、「守護霊の霊言」とは、いわば本人の潜在《せんざい》意識にアクセスしたものであり、その内容は、その人が潜在意識で考えていること（本心）と考えてよい。

なお、「霊言」は、あくまでも霊人の意見であり、幸福の科学グループとしての見解と矛盾《むじゅん》する内容を含《ふく》む場合がある点、付記しておきたい。

左《さ》翼《よく》憲法学者の「平和」の論理診《しん》断《だん》

二〇一五年六月十三日　収録
東京都・幸福の科学総合本部にて

長谷部恭男《はせべやすお》（一九五六〜）

法学者（専門は憲法）。東京大学法学部卒。法学者の芦部信喜《あしべのぶよし》に学ぶ。学習院大学法学部助教授・同教授、東京大学大学院法学政治学研究科教授等を経《へ》て、二〇一四年より早稲田《わせだ》大学法学学術院教授に就任。ロンドン大学客員研究員、ニューヨーク大学客員教授、国際憲法学会副会長、東京大学法科大学院長等を歴任。主著として『憲法』『権力への懐疑《かいぎ》』『憲法と平和を問いなおす』等がある。

質問者　※質問順

綾織次郎《あやおりじろう》（幸福の科学上級理事 兼《けん》「ザ・リバティ」編集長 兼 ＨＳＵ講師）

立木秀学《ついきしゅうがく》（幸福の科学理事 兼 ＨＳ政経塾《せいけいじゅく》塾長 兼 ＨＳＵ講師）

加藤文康《かとうぶんこう》（幸福実現党幹事長）

［役職は収録時点のもの］

1　憲法学者・長谷部《はせべ》恭男《やすお》氏の守護霊《しゅごれい》に「平和」についての考えを訊《き》く

「河野《こうの》・村山《むらやま》談話」の見直しを求めるデモを報道しないマスコミ

大川隆法　急な収録ではありますが、思いついたのが今日（六月十三日）の十二時半ごろだったので（笑）、まだ二時間もたっていないぐらいです。

今日は、幸福実現党が「河野《こうの》・村山《むらやま》談話」の無効、取り消しを求めてのデモをしていますし（本霊言《れいげん》収録時、「『河野・村山談話』の無効を宣言し、自虐《じぎゃく》史観を一掃《いっそう》する『戦後七十年談話』を求めるデモ」が、千八百人規模で東京・日比谷《ひびや》周辺にて行われていた）、明日《あした》は幸福の科学学生部でもデモを行うとのことで、こうしたものも大事な「表現の自由」の行使だとは思います。

ただ、悲しいことに、言論的にはある程度理解してくれるところがあったとしても、それを写真入りで報道することは、産経新聞でも、読売新聞でも、おそらくないでしょうし、フジテレビでも、日本テレビでも、流れることはないでしょう。

これが日本のマスコミの微妙《びみょう》なところです。有料広告なら載《の》せてもらえても、記事としては載せてくれません。ただ、その〝反対側のデモ〟なら、小さいものでも載せてくれることが多いわけです。そういう傾向《けいこう》があるため、デモをしても、まず報道はされないと思います。

しかし、こちらから〝発射〟する内容については、活字や映像として出せるところがあるので、そうした、もう一つ別の観点からの努力も要《い》るかと考えています。

安保《あんぽ》法案への思わぬ反対攻勢《こうせい》に困惑《こんわく》する政府

大川隆法　今、五月ごろから問題になっているのは、国会において、安保《あんぽ》法整備のための関連十一法案を通そうとする政府と、それに反対する野党とが揉《も》めていることとです。

●六月四日に、国会の審査会《しんさかい》に参考人として憲法学者を三人呼び、「（同法案は）合憲か、違憲《いけん》か」といった質疑を行《おこな》ったところ、三人ともに「違憲」と言ったため、政府も困っているように感じます。

特に、自民党の参考人として呼んだ長谷部恭男《はせべやすお》氏が「違憲」としたことが、かなり大きかったのではないかと思うのです。

また、テレビ朝日の「報道ステーション」で、憲法学者のアンケートを取ったところ、現時点では、ほとんどが「違憲」もしくは「違憲の疑いあり」で、九十数パーセントを占《し》め、「違憲ではない」としたのは一人という感じでした。

こうした「違憲」の追い風を受け、マスコミのほうも言論を強めている状況《じょうきょう》かと思います。

憲法学がニュースの中心になるようなことは、めったにないことではあるのですが、今、そうなってきています。

●6月4日の第三回衆議院憲法審査会で、参考人として、憲法学者の長谷部恭男、小林節《こばやしせつ》、笹田栄司《ささだえいじ》の三氏が意見陳述し、その後、「集団的自衛権の行使容認を含む安全保障関連法案」の質問に対し、三氏とも「憲法九条違反」との考えを示した。

ただ、「テレビや新聞で法律的なことをいろいろと議論されると、分からない」という方も多いのではないでしょうか。確かに、難しいことは難しいでしょう。法案を十一も新聞に載《の》せられたら、さすがに私でも、細《こま》かく読む気力がちょっとないというか、なかなかそこまでの根気はありません。

要点が分からないように、うまいこと書いてあるので、おそらく、「みな、読むのを諦《あきら》めて、とりあえず採決だけ取れたらいい」というスタンスなのだろうと思います。

ともかく、学者の意見を訊《き》こうとしたところ、自民党の戦略ミスか、希望した人に断られたため、事務方《かた》が代わりに呼んだのが長谷部氏だったようです。長谷部氏が特定秘密保護法に対しては合憲的な意見も述べていたので、「いける」と踏《ふ》んだらしいのですが、「違憲」と言ったので、一気に形勢が変わってきた感じでしょうか。

定年前に東京大学から早稲田《わせだ》大学に異動した長谷部恭男氏

大川隆法　長谷部氏は一九五六年生まれで、私と同じ年なのですけれども、あのころ、東京大学法学部の憲法学者というのは、みな左翼《さよく》でした。つまり、〝左翼の憲法学〟しか習っていない方で、その〝衣鉢《えはつ》〟を継《つ》いだかたちかと思われます。学習院で教えたあとには東大助教授、教授となっています。本や教科書などもずいぶん書いています。

　ところが、去年（二〇一四年）の三月、まだ定年は来ていないのに辞《や》めて、突如《とつじょ》、早稲田《わせだ》大学のほうに異動になりました。普通《ふつう》は定年が来てから異動になることが多いのですが、そのときには、「異動になった。どうしたのかな」と、私もびっくりしたのです。どうやら、定年が来てからの異動ではやや不利

『憲法改正への異次元発想
――憲法学者ＮＯＷ《ナウ》・芦部信喜《あしべのぶよし》 元東大教授の霊言――』（幸福実現党）
芦部信喜（1923～1999）　法学者。専門は憲法学。東京大学名誉教授。憲法制定権力などの研究で学界を主導し、護憲派《ごけんは》として知られた。

になるようで、「少し早めに私学に移ったほうが、条件がよいらしい」と聞きました。

東大の法学部長だった、刑法学《けいほうがく》の山口厚氏《やまぐちあつし》などは、もう少し年は上なのですが、同じように、東大から早稲田の教授に異動になり、「これは、いったいどうなっているのだろう」と思いました。安倍《あべ》政権が悪さでもしているのかどうかは、私にもちょっと分かりません（定年だったという説もある）。

自民党の参考人で呼ばれた学者が「違憲《いけん》」と答えた波及《はきゅう》効果

大川隆法　今回、参考人として出た学者は、早稲田から二人、慶応《けいおう》から一人でしたが、みな、どちらかといえば左翼が喜ぶような意見を言っていました。それは、憲法学の範囲《はんい》内で考えて言ったのかもしれません。

ただ、あまり専門的なことを言うと、聞いている人には分からないし、活字にしたものを読んでも分からないことがあります。それでは使命が果たせないので、なるべく分かりやすい言葉に言い換《か》えながら、いろいろな議論をしてみたいと思います。

とにかく、自民党の参考人として呼ばれて「違憲《いけん》」と言ったことの波及《はきゅう》効果はかなり大きかったので、今日は、特に、「平和」のあたりを中心に、どう考えるのかを調べたいと考えています。

今は憲法学の枠《わく》だけで考えているけれども、例えば、国家レベルではどう考えているか。政治的にはどう見ているか。国際関係ではどう見ているか。軍事学的にはどう見ているか。一般《いっぱん》常識的にはどう見ているか。

そのように、いろいろな見方はあるでしょうが、「責任がある立場としてどう考えているのか」ということについて、代表的な長谷部氏の守護霊《しゅごれい》を〝五反田《ごたんだ》喚問《かんもん》〟することで、本心を探《さぐ》ったり、攻《せ》めるべき隙《すき》があるのなら、どういうところが隙なのかを調べたりしてみたいと思います。

長らく「右翼《うよく》のインテリは三島由紀夫《みしまゆきお》一人」とも言われていた

大川隆法　また、これは直接的なものではありませんが、内閣のほうは音《ね》を上げていて、私のほうに、「何か助け舟《ぶね》はないか」というような念波《ねんぱ》が来るのです。これは、いつもやっていることですし、しかたがありません。

おそらく、「言葉」がないのでしょう。返す言葉がないのです。ほとんどの憲法学者から「違憲」と言われて、安倍内閣が本当に困ってしまっているようなので、この人の考える「平和」の概念《がいねん》あたりを中心にいろいろと攻めて、考えてみたいと思います。

いずれにせよ、学者の彼らは「左翼《さよく》である」と言われてもしかたがないところもあるでしょう。今でも言われているかもしれませんが、私たちが学生のころ、「右翼のインテリというのは三島由紀夫《みしまゆきお》一人しかいないのだ。インテリというのは全員左翼なのだ」という意見がずっと残っており、「ずいぶん結構なことを言うものだな」と思っています。

その後、幸福の科学を始めた一九八〇年代の後半には、渡部昇一《わたなべしょういち》さんや谷沢永一《たにざわえいいち》さんなどの保守系の言論人がいましたが、当時、彼らは、〝自虐史観〟ではないでしょうけれども（笑）、確か、「右寄りの言論人は、五本の指で数えられるほどしかいない」というようなことを言っていたと思います。

もちろん、その後は、保守の言論人も増えてはきたので、今は「五人」ということはないでしょうが、少ないことは少ないと思います。

左翼《さよく》の学問を学んでも、保守に転じた人は成功している

大川隆法　また、左翼陣営《さよくじんえい》のほうにいる人たちは、だいたい、みな、「自分たちのほうが頭がいい」と思ってはいるようです。

ただ、「本当に頭がいいのかどうか」ということには、別な次元の問題があるのではないでしょうか。

現実に、東大法学部で、左翼の憲法学や政治学の授業を聴《き》いて、いい成績を取った方でも、卒業後、政治家として出世したり、官僚《かんりょう》として出世したり、あるいは、経営者として成功したり、大会社で出世したりしている方は、みな保守に転じています。

なぜ保守に転じたのか、その理由は説明されてはいないものの、おそらく、生きていく上で何らかの知恵《ちえ》が働いたのでしょう。学生時代の答案としては「左翼に合う内容」を書き、人生としては「保守の生き方」をして、出世しているのだと思います。答案に書いたとおり〝左翼の生き方〟をした人は、あまり出世していないはずです。

こうしたところに、何か、もう一つの、目に見えない「本音と建前《たてまえ》」が、あることはあるのですが、このあたりについては、彼らの人生の旨《うま》みの部分であり、語られないため分かりません。ただ、そういうふうにはなっています。

今回のテーマに長谷部氏守護霊が選ばれた事情

大川隆法　ちなみに、本日、最初に呼ぼうと思った方は、●小林直樹《こばやしなおき》先生です。この方は、私が、東大で憲法学を直接教わった先生です。

この方の授業は、冒頭《ぼうとう》から、「天皇制は、違憲だ！」という発言で始まったのです。そういう憲法の授業だったので、私は驚《おどろ》きました。「国立大学で、こんなことがあっていいのか」という感じで、びっくりしたのです。いきなり、憲法の第一条を否定してきたわけで、「ええっ、これが憲法学か？」と思ってショックを受けました。

ただ、この先生を調べたところ、現在、九十三歳《さい》でご健在《けんざい》のようです。そこで、守護霊《しゅごれい》を呼ぼうかどうかとも考えたのですが、九十三歳では、ややかわいそうに思いました。もう、（あの世に還《かえ》る時期も）近いと思われるので気の毒に感じましたし、いちおう、憲法学を教わった方ではあるので、死ぬ前に〝いじめる〟のはかわ

●小林直樹（1921～）　法学者、東京大学名誉教授。専門は憲法、法哲学。著書に、『憲法の構成原理』『憲法講義（上）（下）』等がある。

いそうだと思ったのです。そこで、外すことにしました。

やはり、本日のテーマについて、今、責任が取れる立場にある方といえば、長谷部さんあたりになるでしょう。この方は、教科書等もたくさん書いており、憲法学の中心的なところにはいると思います。

ただし、なぜ、自民党がこの人を参考人として呼んだのかは分かりません。

私の次男が早稲田大学にいるのですが、法学部ではないものの、長谷部さんの著書を読んだところ、一発で「左翼だ」と見抜《みぬ》いたらしいのです（『大川真輝《まさき》の「幸福の科学 大学シリーズ」の学び方』〔幸福の科学出版刊〕参照）。そのくらい、学生でもすぐに分かるようなものらしいのですが、どうして自民党には分からなかったのでしょうか。あるいは、ほかに呼べる人がいなかったのかもしれません。

また、昨日は、●小林節《こばやしせつ》教授の本も、全部をザッと読んでみました。もちろん、過去に読んだことのあるものではあります。ただ、この方は、改憲論者だったのですが、「改憲論者だと、憲法学者では対談してくれる人がいない。テレビか何かで座

●小林節（1949 〜）　法学者、弁護士、慶應義塾《けいおうぎじゅく》大学名誉教授。著書に『憲法守って国滅ぶ』『「憲法」改正と改悪《かいあく》――憲法が機能していない日本は危ない』等がある。

談会などがあっても、小林節が出ると聞いたら、みんな、『じゃあ、出ない』と言う。だから、一人ぼっちにされている」というようなことを述べていました。

彼には、やや変節《へんせつ》した気《け》はあるものの、その前の段階の意見としては、そういうことでした。今は、多数派のほうに移行中かもしれませんが、おそらく、こうしたことには、安倍首相への個人的な感情があるのではないかと思ってはいます。

ともかく、長谷部さんあたりであれば、教科書も多く、影響力《えいきょうりょく》もありますし、さらには、私と同《おな》い年でもあるということで、攻めてもちょうどいいでしょう。おそらく、このくらいであれば、自我が崩壊《ほうかい》するところまでは行かないと思うのです。

ちなみに、もう一人、●木村草太《きむらそうた》さんという、三十四歳ぐらいの若い学者がいます。この方も、「左翼の救世主」のようにも言われ始めているので、「どうかな（守護霊を呼んでみようかな）」とは思ったのですが、さすがにかわいそうかもしれません。やはり、三十四歳ぐらいだと、持ち堪《こた》えられない可能性があるのです。当会の〝攻《こう》撃《げき》〟は、けっこう、きついことはきついので、〝弾《たま》〟が当たるとかなり堪えてしま

●木村草太（1980～）　法学者。首都大学東京法学系准《じゅん》教授。著書に『平等なき平等条項論』『憲法の創造力』等がある。現在、テレビ朝日「報道ステーション」のコメンテーターを務めている。

い、さすがにもたないでしょう。せっかくデビューしたところなので、もう少し置いておいてあげることにして、次の段階で考えたいと思います。

ただ、長谷部さんは、いつ定年になっても構わない方でしょうし、そろそろ仕事も終わったのではないかと思うので、今日は、（質問者は）いろいろな角度から訊いてみてください。

もちろん、憲法論も入るとは思うのですが、もう少し普通のものとして、人間や国家、あるいは、政治の立場、国民について等、この人の考え方を検証してみたいと思います。

もしかしたら、法律の勉強ばかりをして、いわゆる「法人《ほうじん》」、つまり、法律でしか物事を考えられない人間になっているかもしれないし、あるいは、「憲法学としての建前上、絶対こうだ」と言っているだけで、本音は違《ちが》うところにある可能性もないわけではありません。

とにかく、このあたりを〝五反田喚問〟すれば、今の国会でのいろいろな〝抗《こう》争《そう》〟に、一定の筋道《すじみち》がつけられる可能性はあります。今日は、それが狙《ねら》いです。

本来、「ザ・リバティ」（幸福の科学出版刊）のスクープでなければならないところではあるけれども、月に一回しか発行できない悲しさで、そうできないところが残念ではあります。

前置きとしては、そういうところです。

早大教授・長谷部恭男氏の守護霊《しゅごれい》を招霊《しょうれい》する

大川隆法　「左翼憲法学者の『平和』の論理診断《しんだん》」と題しましたが、本人は、左翼だと思っているかどうかは知りません。ただ、現実としては左翼でしょう。「インテリは左翼しかいない」というのであれば、そういうことになると思います。

なお、（質問者たちは）ベテランですから、いろいろと質問しているうちに、引き出してくれると思いますが、もしかしたら、（長谷部恭男氏の守護霊《しゅごれい》が）〝鎧《よろい》〟を着ているかもしれないので、スッと本音が出るかどうかは分かりません。ともかく、分かりやすい答えになるように攻めてみましょう。

私としては、「なぜ宗教が、こんなことをやらなければいけないのか」と思うことも、ときどきあるのですが、しかたがないですね。政府に代わって、やらなければいけないらしいので、しかたがないですが、やります。

（手を一回叩《たた》く）では、憲法学者の長谷部恭男さんの守護霊をお呼びいたしまして、今、問題になっております安保法整備についての諸問題と、あるいは、それに関係する、さまざまな国家的な問題についての見解の整理をしてみたいと思います。

早稲田大学教授の、長谷部恭男さんの守護霊よ。

長谷部恭男さんを、主として指導しておられる守護霊よ。

どうか、幸福の科学総合本部に降《お》りたまいて、現在のご心境、ご見解等、分かりやすく説明してくださいますと、とてもありがたく存じます。

（手を一回叩く）長谷部恭男さんの守護霊よ。

長谷部恭男さんの守護霊よ。

幸福の科学総合本部に降りたまいて、そのご本心を明らかにしたまえ。

（約五秒間の沈黙《ちんもく》）

2 「宗教」と「法律」の違《ちが》いを強調する長谷部氏守護霊

招霊《しょうれい》されたことに「法的根拠《こんきょ》」を求める長谷部氏守護霊

長谷部恭男守護霊　ああ……。

綾織　こんにちは。

長谷部恭男守護霊　うん、なんか、うーん……。私は大学で教鞭《きょうべん》を執《と》る者であって、「こういうところで、〝参考人招致《しょうち》〟されなければならない」っていう「法的根拠《こんきょ》」がないんですけどね。

綾織　法的根拠は、「宗教的な考え方の下《もと》に」ということです。

長谷部恭男守護霊　まあ、いちおう「宗教」と「法律」は別ですからね。宗教は自由ですけど、考えは。いちおう法律の枠内《わくない》での考え方をやっており……。

綾織　「信教の自由の枠内」というふうに考えていただいていいかと。

長谷部恭男守護霊　いや、「信教の自由だったら、憲法を全部書き換《か》えてもいい」って、そういうわけにはいかないんじゃないですかね。

綾織　それは国民が決めることです。

「新・日本国憲法 試案」が実現すると、憲法学者は失業する？

長谷部恭男守護霊　いや、おたくさまも、憲法草案を何か書いてる（『新・日本国憲法 試案』〔幸福の科学出版刊〕参照）。これは目茶苦茶《めちゃくちゃ》ですよね。あれはひどいですよね。

綾織　そうですか。ひどいのですか。

長谷部恭男守護霊　あんなの実践《じっせん》されたら、もう、憲法学者は、全部、「廃業《はいぎょう》」ですよ。仕事なくなっちゃうじゃないですか。

綾織　いやいや。現憲法の考え方も受け継《つ》いでいますから。

長谷部恭男守護霊　絶対、何か（幸福実現党が国政選挙で）当選しない理由はあるんですよ。憲法学者が、全部、失業するからです。

綾織　ああ、なるほど。

長谷部恭男守護霊　だから、あれが実現したら、憲法学者は、全員、失業ですもん。

綾織　「『新・日本国憲法 試案』を解説していただく」という仕事はあると思いますけれども。

長谷部恭男守護霊　いや、そんなもん、解説できないですよ。

『新・日本国憲法 試案』
（幸福の科学出版）

『「現行日本国憲法」をどう考えるべきか』
（幸福の科学出版）

綾織　できないですか。

長谷部恭男守護霊　ええ。あんなもん、解説のしようがないですよ。あれは宗教学科で解説しなきゃいけないんじゃないか。

綾織　いやいや、思想的にも、「個人の自由」などがしっかり入っていますし、大《だい》丈夫《じょうぶ》だと思います。

長谷部恭男守護霊　いや、私どもには、やっぱり前提っていうものがありましてね。それに少しずつ少しずつ緻密《ちみつ》な議論を積み重ねていって、論理的に物事を考えていくと、こういうことになっておりまして。

ああいう（「新・日本国憲法 試案」）ふうに、突如《とつじょ》、降って湧《わ》いたみたいなことはしないですよ。ああいうのはねえ、近代国家においては、やってはならないことなんですよ。

綾織　それは現憲法の解釈《かいしゃく》の……。

長谷部恭男守護霊　まあ、いいです。あなたがたのは、まあ、いいわ。あなたがたのは、まだ先の話やからな。〝来世紀〟の話なんでしょうから、それはいいです。ええ。

国会での発言とその影響《えいきょう》について、どう考えているのか

綾織　「近い話」にしたいと思いますけれども、今日はそのテーマではなく、安倍《あべ》政権の……。

長谷部恭男守護霊　うーん、でも、今日、ここは早稲田大学《わせだ》ではないですね。やっぱりね。

立木《ついき》　でも、すでに長谷部先生は公人《こうじん》でいらっしゃいます。

長谷部恭男守護霊　給料貰《もら》ってないですね？　給料を貰ってないですね？

立木　すでに世間《せけん》の注目を浴びて……。

長谷部恭男守護霊　タダですね？　タダのあれですね、市民集会ですね？　無責任な、発言に何の責任もない〝市民集会〟ですね？

立木　長谷部先生は国会で発言され、それが今、大きな影響《えいきょう》を及《およ》ぼしています。

長谷部恭男守護霊　いや、そんな影響はないですよ。もう、早稲田の学生が聞いてるぐらいで。

立木　それに対して、やはり説明責任があると思いますので、ぜひ、果たしていただきたいと思います。

長谷部恭男守護霊　なんで、ここで説明責任が発生するんですか。（ここは）国会の分室《ぶんしつ》？

立木　ここで長谷部先生のご本心を明らかにするというのが……。

長谷部恭男守護霊　（私の）本を読んでくださいよ、まず。私の本ねえ、売上が十分じゃないんですよ。早稲田の生協で売れてるだけじゃ駄目《だめ》だ。もっともっともっと、いろんなところで読んでもらわないといけないので。しっかり読まなきゃいけない。

綾織　ええ、安保《あんぽ》法制の議論も、憲法論議も、非常に難しい言葉が出てきますので。

長谷部恭男守護霊　まあ、それはそうですね。そうでないと食っていけませんから、私たちは。それは難しくしないと、食べていけないでしょう?

綾織　今日は守護霊さんですので……。

長谷部恭男守護霊　ええ?　そうか、そうか。

綾織　法律用語も使っていただいて結構なんですけれども……。

長谷部恭男守護霊　あ、そう？　じゃ、分からないようにするよ？

綾織　ぜひ、分かりやすく、このテーマについて、理解を深めていきたいと思っております。

長谷部氏本人と早稲田《わせだ》大学に責任がかからない質問を求める

長谷部恭男守護霊　だいたいね、大川隆法なんていう、〝悪い〟の出してきちゃいけないですよ。これね、本を売る商売の名人みたいな人じゃないですか。

綾織　いえいえ。そういうことではなくて、国民として……。

長谷部恭男守護霊　何でもええから。これはあれでしょう?　写真週刊誌の代わりでしょ?　霊言集《れいげんしゅう》っていうのは。ねえ?　昔の「フォーカス」「フライデー」の恨《うら》みをね、霊言集で返してるんでしょ?　こういうふうに誰《だれ》かを狙《ねら》い撃《う》ちして、パシッと。

綾織　いえいえ、それはまったく関係ありません。やはり、国民的に大事なテーマですので、ぜひ、国民の側として理解を深めたいということです。

長谷部恭男守護霊　いや、これは早稲田《わせだ》大学教授としての立場ではなくて、「もし霊があるとすれば、その霊なるものが妄想《もうそう》せし内容を述べよ」ということであると。

綾織　「霊が存在するとして、その考えを伺《うかが》っています」ということです。

長谷部恭男守護霊　存在しなかった場合は、大川隆法という人の頭脳において、「早稲田大学の長谷部恭男なら、こう考えるであろう」という言葉を、今、考えついて言っていると。

綾織　そのようにおっしゃる方もいるんですけれども、これは、ある種の宗教的な秘儀《ひぎ》です。

長谷部恭男守護霊　とにかく、（長谷部氏）本人に責任がかかってはいけないから。本人と早稲田大学に責任がかからないように質問してください。

綾織　長谷部先生の守護霊様がそのようにお考えになるのはいいと思います。

長谷部恭男守護霊　まあ、いいよ。憲法学には、霊の世界は何にも書いてないから。

3　憲法審査会《しんさかい》で安保《あんぽ》法案を「違憲《いけん》」とした理由

まともな憲法学者であれば、安保《あんぽ》法案は「違憲《いけん》」と答える？

加藤　今日は、長谷部先生の守護霊……。

長谷部恭男守護霊　（加藤に）君、顔が〝怖《こわ》い〟ねえ。

加藤　ありがとうございます（会場笑）。
ぜひ、ご意見をお伺《うかが》いしたいと思っています。

長谷部恭男守護霊　いや、この目や、顔の振《ふ》り方はちょっとよくないよ。

加藤　申し訳ございません（笑）。

長谷部恭男守護霊　それね、当選しにくい振り方だよ。

加藤　それはさておきまして……。本題に入らせていただきます。

長谷部恭男守護霊　（顔を）縦に振ると、票が入ってね、横に振ると票が逃《に》げるんだ。

綾織　それはちょっと置いておきまして（苦笑）。

長谷部先生は、六月四日の憲法審査会《しんさかい》に自民党の推薦《すいせん》で呼ばれて、お話をされました。その場では、安保《あんぽ》法案は直接的なテーマではなかったのですが、議題に上《のぼ》ってきたわけです。そこで、「今回の安保法案については違憲《いけん》である」という見解を示されました。

長谷部恭男守護霊　それ以外の結論はないでしょう。

綾織　ああ、そうですか。

長谷部恭男守護霊　そら、ないでしょう。

綾織　もう、それ以外はない？

長谷部恭男守護霊　うん。

だから、「合憲」って言うんなら、私は早稲田《わせだ》大学の教授の辞表を出してから、言わなきゃいけないですから。

綾織　それは、なぜですか？

長谷部恭男守護霊　〝発狂《はっきょう》〟してる人は別ですよ。まともな憲法学者だったら、「合憲か、違憲か」って訊《き》かれたら、「違憲」以外、結論はありませんよ。

綾織　憲法学者ならば、そう言うしかない？

長谷部恭男守護霊　うーん。それは、絶対、「違憲」ですよ。「違憲」以外ありえませんよ。

綾織　なるほど。

長谷部恭男守護霊　憲法学者として呼ばれたから、「違憲」と言ったわけで。憲法学者じゃない、自民党の何かの作業部会の委員として呼ばれるようなものだったら、ちょっと違《ちが》うことを言ったかもしれないけど、憲法学者としての意見を求められたら、「違憲」ですよ。

最高裁が「法の番人」として〝正しい〟かどうかは分からない

加藤　ただ、衆議院の憲法審査会でのご発言ということで、非常に大きな影響《えいきょう》があります。「与党《よとう》側の人選ミス」という話もあるのですが（笑）、長谷部教授の発言で、かなり安保法制の審議がややこしいことになってきております。

このあたりの影響も分かった上での、憲法学者としての良心によるご発言なのか、それとも確信犯的と言ったら失礼なのですが……。

長谷部恭男守護霊　原点に帰ってね。そらあ、今の政治家は、「法の番人は裁判所だ。最高裁だ」とか言ってるんだろうけど、まあ、最高裁っていうのは、国の税金で養《やしな》われてるもんだからね。だから、「法の番人」として正しいかどうか分かんないわな。

やっぱり、まず源流には学者があるべきだからね。学者の意見を参考にしなけりゃいけない。〝飼《か》われてる者〟としてね。〝飼い犬〟ですからね。

国立から私学に来たので、自由に発言した？

加藤　それをおっしゃるならば、国権の最高機関は国会でもありますし、憲法学の先生がたのご意見も参考にはすべきでしょうが、やはり、国民から選ばれた選良《せんりょう》、国会議員が集まっている国会の意思決定は大きなものがあると思います。

長谷部恭男守護霊　いや、私は私学に転じてきましたのでね。「言論の自由」は、もう一段、確保されたんですよ。国立なら給料のほとんどは税金だと、基本的に思わざるをえないので、あれなんですけど。まあ、私学に来たんで、もうちょっと、信条的には、自由に言ってもいいのかなあと。責任は少し軽くなったかなと思って発言したんですがね。

東大教授の発言としてだと、「予算のほうを絞《し》められるといけない」っていう、別のところから圧力が……。総長とかから、「予算を削《けず》られないようにしゃべれ」とか言われたら、ちょっとね。そういうことがありえるでしょう? まあ、そういう圧力をかけられますからね、政府はね。まあ、あれですけど。

私学に移ったんで、もうちょっと、個人の見解に近いのでいいのかなあと思ったんですが。

つぎはぎだらけで「合憲」にしている憲法論議の実態

綾織 「違憲」ということになると、今回、安倍《あべ》政権がやろうとしている安保法制自体は、「やめたほうがいい」ということになるわけですよね。

長谷部恭男守護霊　全然、憲法論議になってませんよ、そんなもん、もともとね。だから、無理に無理を重ねて、もう〝つぎはぎだらけ〟でやってるんですよ。

綾織　それは、理解できます。

長谷部恭男守護霊　もうねえ、過去も、最高裁だろうが、学者だろうが、実務家だろうが、もう、みんなつぎはぎだらけでやってる。何とかしてつなげて、「合憲」にするために、あの手この手でやってるんですから。〝元祖《がんそ》〟が、もともと「違憲」なんだから。

綾織　逆に言えば、「そんなつぎはぎでやっているんだったら、憲法九条を変えましょう」というところに行かないのですか。

長谷部恭男守護霊　いや、そんなもの、条文から解釈《かいしゃく》したら、もともと「自衛隊だって違憲だ」って、みんな分かってることですから。その違憲なやつを「合憲」とか……。まあ、「白馬《はくば》は馬《うま》にあらず」というのを、「どうやって論理を組み立てるか」っていうのが学者の仕事なんですから。

「安倍首相は、法学部に入り直したほうがいい」

綾織　やはり、長谷部先生としては、「日本は憲法九条を守り通していく」という立場でいらっしゃるんですか。

長谷部恭男守護霊　まあ、それだけじゃないけどね。やっぱ、あの安倍はね、評判悪いよ。やっぱりね。あれね、法学部にもう一回入り直したほうがいい。

綾織　政治家ですからね。

長谷部恭男守護霊　学士入学して、もう一回、勉強したほうがいいわ。どこの大学でもいいけど、いわゆる一流大学といわれるところの法学部にもう一回入って、卒業できるかどうかを実験してから、総理をやったほうがいい。

綾織　細《こま》かい法律議論は……。

長谷部恭男守護霊　でも、法律が分かってないんじゃないかな、そもそもね。法律って何か分かってないんじゃない？　彼。みんなの意見はそうよ、心情的に。分かってないと思う。

安倍首相は〝完全な独裁者〟と化している？

綾織　ある意味で、安倍首相は、日本を取り巻く環境《かんきょう》を見て判断されていると思います。

長谷部恭男守護霊　だから、彼にはね、「法律」と「政治」の区別がついてないのよ。基本的にはついてない。

綾織　安倍首相は政治家ですので、「日本の政治が置かれている状況《じょうきょう》から判断されている」ということですね。

長谷部恭男守護霊　あれなんか、もう〝完全な独裁者〟と化してますよ。憲法学者の立場から見たら。「自分の考えが、〝朕《ちん》〟の考えるところが法律である」と言ってるわけですから。あれは〝完全な独裁者〟だ。

綾織　そんなことは言っていないと思いますけどね（苦笑）。

長谷部恭男守護霊　まあ、自民党の改憲の草案なんかでもね、「天皇陛下《へいか》を元首《げんしゅ》にする」なんていう草案があったけど、そんなのはしないで、〝安倍朕〟が元首になってるんだ。だから、元首の言葉が法律なんだよな。

「安倍内閣に衆愚政《しゅうぐせい》が起きている」という批判

綾織　憲法学者としての立場は分かりますが、逆に安倍首相が見られているであろう、日本の置かれた環境については、どう思われていますか。北朝鮮《きたちょうせん》が一九九〇年代からミサイルを飛ばしたり、中国が軍拡を続けたり……。

長谷部恭男守護霊　だからね、（安倍首相には）首相になるための実績が何もないじゃない。

北朝鮮問題を長らくやってましたよ、彼ね。何の実績があるわけよ？　え？　遺族じゃないかもしらんけど、被害者《ひがいしゃ》の親族の声は聞いてたかもしれない。

でも、（北朝鮮に）行って、（被害者を）連れて帰ってくるなり、夜陰《やいん》に乗《じょう》じて上陸して向こうを襲《おそ》うなり、何も実績ないでしょ？　彼。

綾織　安倍首相本人が気に入らないのですか？

長谷部恭男守護霊　気に入らないっていうか、安倍政権そのものが、みんな「衆《しゅう》愚《ぐ》」だよね。「衆愚政」っていうのは、普通《ふつう》は国民が衆愚で、民主主義の堕落《だらく》した姿だけど、「衆愚政が内閣において起きる」っていう歴史的に珍《めずら》しいことが起きてるね、今。

●特定秘密保護法　日本の安全保障に関する情報で、外交・防衛など特に秘密にすべきものを「特定秘密」とし、各行政機関の関係者等が漏洩《ろうえい》した場合等の罰則《ばっそく》を決める法律。2014年12月に施行された。

「特定秘密保護法」に賛成したのは、なぜか？

立木　そうはおっしゃるんですけれども、長谷部先生は、「特定秘密保護法案」に関しては賛成されていましたよね？　「国家として安全保障をしっかり確立しないといけないので、そこまで憲法は禁じていないんだ」という理解のもとに、「賛成」という立場を打ち出されていたと思うのですが、それとの整合性というのは、どうなのでしょうか。

長谷部恭男守護霊　まあ、私には、「学者としての良心」っていうのはあることはあるんだけれども、アドミニストレーションっていうかね、学内行政がいろいろあってね。

それから見て、先ほども言ったように、立場がある

特定秘密保護法について、刑法学の大家である藤《ふじ》木《き》英《ひで》雄《お》・元東大教授の霊に見解を訊いた『「特定秘密保護法」をどう考えるべきか――藤木英雄・元東大法学部教授の緊急スピリチュアルメッセージ――』（幸福の科学出版）

者は保身に動かざるをえないから、政府に嫌《きら》われないようにやらないかん。大学を護《まも》るためにそうやらないかん場合もあるわけだけど、今、私はちょっと〝切れてる〟のでね。何となく、「糸の切れた凧《たこ》」みたいになってるので、凧一つで飛んでいきたい気持ちも、ちょっとあることはあるんで、ちょっと、感じが変わったわけよ、気分は。

立木　そういうことだったんですね。

「立憲主義」を強調する〝意外な本音〟

加藤　先般《せんぱん》の憲法審査会の話に戻《もど》ってしまうのですが、あのときのテーマが、いわゆる「立憲主義」だったと思います。
　私《わたくし》どもは、「立憲主義とは、特定の権力者の恣意《しい》に基《もと》づいての政治ではなく、憲法を頂点とする法律体系に基づく政治である」と理解しているのですが、憲法学の多くの先生がたは、この立憲主義について、どちらかというと「憲法至上主義」「憲法の条文がすべてに優先する」と考えていらっしゃるようにも見受けられるのですが、いかがでしょうか。

長谷部恭男守護霊　法律学者のなかで、いちばん偉《えら》くなるためには、そうしなきゃいけないでしょうね。憲法学者がいちばん上に立つためには、そう考えたほうがいいでしょうね。

「戦争の放棄《ほうき》」と「安保《あんぽ》法案」を両立することの難しさ

加藤　先ほどもおっしゃられたように、現在の憲法解釈は、無理に無理を重ねてやっているのが事実だと思います。

ただ、今は、「憲法を表面的に守っているだけでは、この国の主権が守れない」という危険な事態になりつつあると思います。

それを踏《ふ》まえて、安倍首相以下の現政権は、安保《あんぽ》法案なども提出して動いていると思うのですが。

長谷部恭男守護霊　そうは言ってもね、君ら、法律の勉強をしたことは、ちょっとはあるんだろうけども。一時間目の授業を、ちょっとだけ言うけどさ、日本国憲法には、「前文」っていうのがあるわけね。それには、難しい言葉……、（英文の）翻《ほん》訳《やく》だから意味は分からないけれども、大事なポイントを挙げるとするとですね。「政府の行為《こうい》によつて再び戦争の惨禍《さんか》が起《おこ》ることのないやうにすることを決意し」（原文ママ）とか、前文にこれが一つあるでしょう？

これがあって、憲法の九条に、「戦争放棄《ほうき》、軍備及《およ》び交戦権の否認」とあって、一項《いっこう》で、「日本国民は、正義と秩序《ちつじょ》を基調とする国際平和を誠実に希求し、国権の発動たる戦争と、武力による威嚇又《いかくまた》は武力の行使は、国際紛争《ふんそう》を解決する手段としては、永久にこれを放棄する」。二項、「前項の目的を達するため、陸海空軍その他の戦力は、これを保持しない。国の交戦権は、これを認めない」と書いてあるわけですから。

一項で、「国際紛争を解決する手段としては、武力による威嚇、または、武力の行使はしない。国権の発動としての戦争もしない」。それから、二項で、「陸海空軍その他の戦力は、これを保持しない」と。

ここは苦しいところですよ、憲法学者としては。みんな良心の痛みを感じている。「陸海空軍は、これを保持しない」。こんなの、自衛隊の現状を見たら、「陸海空軍を保持しない」って（笑）、「これをどう言い逃《のが》れるか」っていうことのために、みんな、ものすごく協力してるわけよ。（大学が）税金でちょっと協力を受けてるからね。

で、「国の交戦権は、これを認めない」、ここまで書いてあるんだよ。これでねえ、もう安倍さんは〝拡大〟をどんどん自由にやろうとしてるけど、あれも本当に勉強してないから、もういくらでもできるんだと思うんだけども。

これをまともな頭で読んで、「彼が言ってることを、このなかに押《お》し込《こ》める」っていうのは無理ですよ。〝発狂〟しなければ、もう入れられませんよ。

綾織　確かに、そうかもしれません。

長谷部恭男守護霊　そうだ。だから、私に「合憲」って言わせるんでしたら、早稲田の教授をやらせるんじゃなくて、東大の法学部長に任命しなければ。そしたら、「合憲」って言う可能性はあった。それは学内政治の上からね。今、どんどん税金を減らされていますから、それを守るためには「合憲」と言った可能性はあるけども、今の立場では、やっぱり「違憲」ですよ。

長谷部氏の理論の下《もと》に生きれば「平和」のうちに生存できる？

綾織　今日は、「平和」というのが一つの大きなテーマなのですけれども、日本国憲法の前文にも、「平和のうちに生存する権利を有する」と……。

長谷部恭男守護霊　ああ、ありますよ。有しますよ。

綾織　そこでお伺いしたいのですが、長谷部先生は、「集団的自衛権を認めず、安保法制もやらずして、その延長上に平和が築かれる」とお考えなのでしょうか。

長谷部恭男守護霊　いや、平和を脅《おびや》かすのは、例えば、ヒットラーやムッソリーニみたいな、こういう独裁者の出現でしょう？　安倍はまさしく、その範疇《はんちゅう》に入ってるわけですよ、今。

綾織　では、「いちばん安倍首相が危険だ」と……。

長谷部恭男守護霊　ええ。百人のうち九十九人が見るところ、もうこの仲間に完全に入ってる。今、合法的に独裁者をやろうとし始めているわけで、ほとんど、おじいさん（岸信介《きしのぶすけ》元首相）や大叔父《おおおじ》さん（佐藤栄作《さとうえいさく》元首相）あたりの七光《ななひかり》でもって、みんなを目くらましにしながらやろうとしてる。
学者の意見も聞かずに突《つ》っ走るようだったら、もうこれは、法治《ほうち》国家としては断じて許せない。

綾織　では、とにかく、「安倍首相の行動を縛《しば》ることが平和をつくる」と。

長谷部恭男守護霊　そう。とにかく、日本国憲法成立の目的は〝安倍首相を縛ることと〟なんですよ。こういうところに〝危険犯〟が出ることを止《と》めるために、この憲法は制定されたんだ。

綾織　確かに、「為政者《いせいしゃ》を縛る」というのは、もちろん、憲法の考え方ですけれども。

長谷部恭男守護霊　いちばん大事なのは、やっぱり、この首相でしょう。

綾織　一方で、日本国憲法の前文には、「平和のうちに生存する権利を有する」と謳《うた》われているわけですから、大切なことは、どうすれば日本国民が平和のうちに生きていけるかですよね。

長谷部恭男守護霊　いや、だから、長谷部の理論の下《もと》に生きれば、日本国民は平和のうちに生存できるんですよ。
安倍さんの言うとおりにしたら、「平和のうち」じゃなくて、「戦争の惨禍《さんか》」によって、あなたがたは、もうすぐ、あと何年か後には、徴兵《ちょうへい》制の下に、また〝ペリリュー島〟で戦わなきゃいけないわけよ。

4　憲法学者として「日米安保条約《あんぽ》」をどう見ているか

日本の主権を守るには「アメリカと距離《きょり》を取るべき」なのか

加藤　しかし、いかがでしょうか。「憲法前文にも一定の法源性《ほうげんせい》がある」という前提で、今、教授はおっしゃいましたけれども、憲法前文には、同じく、「平和を愛する諸国民の公正と信義に信頼《しんらい》して、われらの安全と生存を保持しようと決意した」と、このような表現もあります。

長谷部恭男守護霊　うん。うん、うん。

加藤　実際、今、国際情勢を見るかぎり、「わが国を取り巻く情勢は、そんな生易《なまやさ》しいものではない」という前提で、政治もそれに対応すべく動いている面がありますが、そのあたりは、どうお考えになりますか。

長谷部恭男守護霊　いや、分かってますよ、それは。本当に国会で議論したいのは、中国によって、南沙《なんさ》諸島なんかが埋《う》め立てられ、軍事基地ができたこと。「このあたりをどうするか」っていうことを議論したいけど、与党《よとう》も野党も、これを本当はしたくなくて、みんな逃《に》げているわけね？

加藤　はい。

長谷部恭男守護霊　これを問題にしたら、野党の側は「無責任じゃないか」と言われるから質問したくないし、与党のほうは、中国から、また何か圧力がかかってきたり、靖国《やすくに》のほうもプレッシャーがかかったり、貿易のほうにもかかってきたり、いろいろする。

だから、両方が避《さ》けて、「ホルムズ海峡《かいきょう》の機雷掃海《きらいそうかい》」のほうに話を持っていってる。両方とも、これは、ある意味で〝談合〟して、避けてるわけですから。

綾織　確かに、そうですね。

長谷部恭男守護霊　実際に、この問題なんだろうと思うけど、じゃあ、「アメリカと共同でやれる」となったら、アメリカは攻撃《こうげき》するときには、自分たちの判断でしますから、戦争をするときはね。そのときに、日本には通告はしてくると思いますよ。だけど、通告しても、こちらには、たぶん判断する権利はないと思う。「日本が『ノー』と言ったから、やめる」ということは、まずない。

中国の基地を攻撃するときは、アメリカの判断であり、米軍の判断、あるいは、もちろん、大統領の判断でしょう。それで、攻撃をする。日本には、通告は当然し

●ホルムズ海峡　中東の産油国が集中するペルシア湾沿岸に連なる海峡であり、日本に来るタンカーの８割が往来する海上の要衝《ようしょう》。政府は、同海峡で各国が協調して機雷掃海《きらいそうかい》の活動をする際に武力攻撃が発生した事態を想定し、一定範囲で集団的自衛権の行使《こうし》を認めるべきだとしている。

てくる、直前にね。ただ、これについて、首相は「ノー」は、おそらく言えない。首相は「ノー」は言えないし、もう攻撃が始まって、戦争が始まったあと、国会でそれを議論したところで、もし、それが「駄目《だめ》だ。自衛隊は参加しちゃいけない」ということになっても、「じゃあ、日米安保《あんぽ》（日米安全保障条約）は崩《くず》れるけど、それでいいのか」ということになって、なし崩しに、ただただ認めるしかなくなってくるわけだ。

ただ、立憲主義的に考えれば、「憲法の枠組《わくぐ》みで物事を考える」っていう主義だって、一国の主権なんですからね。憲法の枠組みで考えても、これは主権ですから。この主権にね、外国の元首、そういうトップの考えによって、堂々と土足《どそく》で上がってこられることになるわけですから、やっぱり、対等に話ができるためには、距《きょ》離《り》を取っておくことも大事なわけですよ。

南シナ海のようなところは、日本には関係ない？

綾織　「アメリカの動き」ということもありますが、南シナ海にしろ、東シナ海にしろ、日本の国そのものの自衛とかかわりますので、アメリカについての議論の前に……。

長谷部恭男守護霊　だけど、「自衛」って言っても、自衛できるならいいですよ。自衛できるなら。

綾織　自分の国の問題ですからね。

長谷部恭男守護霊　自衛できるならいいですよ。できなかったら、どうするんですか？　だから、それが問題なわけですよ。

今の自衛隊と、それから自衛隊を動かす者たち、政府から、役人、国民の意識、マスコミの意識等までを総動員したときに、自衛できるなら、まだいいですよ。だから、自衛じゃなくて、ズルズルと引きずり込《こ》まれて、例えば、イラク戦争みたいにズルズルーッと、もし引きずり込まれて、あるいは、ベトナム戦争のようにズズズーッと引きずり込まれて、もう〝泥《どろ》んこ〟の殺し合いを、アメリカ軍と一緒《いっしょ》に自衛隊がやらないといかんようになったら、これは明らかに、憲法九条が想定している自衛隊、最高裁が「合憲だ」とギリギリ言ってきた自衛隊のかたちとは違《ちが》うわね。

綾織　中東になると、そうですが、今は、先ほどおっしゃったように、南シナ海等、「日本にかかわる部分の議論をしよう」ということなのではないですか。

長谷部恭男守護霊　あんなとこはね、いや、フィリピンと中国が戦争すればいいいわけであって、日本には関係ないわけですよ。

日本は、あんなとこへ、先の戦争のときに出ていって、それで、そのあと、大敗北を喫《きっ》したわけですから。あとは、フィリピンがやればいいんで。フィリピンでもベトナムでも、「利害関係がある」と思うところが戦えばいいわけであって、日本はそれにかかわるべきではないんですよ。

綾織　日本に利害関係はないですか？

長谷部恭男守護霊　そうしたら、誰《だれ》も死なないで済むんですよ。

「日米同盟は、日本国憲法が予想したものではない」

立木　そもそもの問題ですが、長谷部先生は、「日米同盟」については、どのような評価をされているんですか。日米同盟は、日本の安全保障にとって、どれくらいの意味があると思っていらっしゃいますか。

長谷部恭男守護霊　日米同盟は、もともとは、日本国憲法の予想するものではないですよ、法律の成立時点ではね。憲法は、朝鮮《ちょうせん》戦争が起きる前にできていますから。日米同盟をまだ考えていない段階でつくってるから。

それで、その後、矛盾《むじゅん》が出てきたのは事実で、やっぱり、（アメリカは）朝鮮戦争が起きて、「これは、日本にも再軍備をさせつつ、アメリカが護《まも》ってやらないといけない」と……。また、（日本は）アメリカに護ってもらいながら、軍備は大きくはしすぎない。

要するに、（アメリカは）本当は憲法で、日本の軍備は全部、廃止《はいし》したつもりだったんだけど、朝鮮戦争が起きたために、「予備戦力として、日本にも何らかの軍事的なもの、プレゼンス（存在感）がないと、アメリカ軍全部で対応することになって、大変なことになる。コスト的にも、人命的にも大変なことになるから、日本にも、ちょっと背負わせよう」として、自衛隊を、マッカーサーとか、みなが認めたんだね。

だけど、日米安保《あんぽ》のなかで、「アメリカの主導権の下《もと》に、（日本は）ちょこっと手伝うぐらいでいいよ」っていうのが、あとからできてきたわけだ。

それで、裁判所なんかは、この日米安保を、後付けで理論付けしなきゃいけなくなってきたわけでね。本当は、憲法が予想しているものではなかったと思うんですよ。今は、解釈《かいしゃく》の積み重ねで、ありえることになってますけどね。

「日本は〝中国の一省《いっしょう》〟と見てもいい」と言う長谷部氏守護霊

立木　もし日米同盟がなかったとしたら、「日本は、独立と平和を護り切れる」と先生はお考えですか。

長谷部恭男守護霊　日米同盟がなかったら？

立木　はい。

長谷部恭男守護霊　うーん……。だから、その動きは、もうすでにあるんじゃないですか。鳩山《はとやま》政権のころなんか。

立木　いや、それを今、また安倍《あべ》さんがもとに戻《もど》そうとしていますので。

長谷部恭男守護霊　鳩山政権のころなんか、中国に国会議員が、もう何百人とみんなで行って、仲良くしようと朝貢《ちょうこう》外交を。昔の卑弥呼《ひみこ》の時代に戻ろうとしてね。

卑弥呼の時代は、中国に日本国王を命じられて、平和裡《り》に朝貢しとれば、まあ、年一回、何か、ご進物《しんもつ》を持っていけば、中国は体制的にいえば、「臣下《しんか》の礼《れい》を取ってきた者は攻《せ》めない」という……。

立木　いや、チベットやウイグルなどの動きを見れば、必ずしもそうではないですよ。今、南シナ海も。

長谷部恭男守護霊　いや、抵抗《ていこう》するからでしょう。だから、抵抗しなきゃいいわけですよ。

立木　いえ、チベットも十分な抵抗をせずに、結局、侵入《しんにゅう》されて、あとでひどい目に遭《あ》って、反乱が起こっているわけですよね。

長谷部恭男守護霊　それは、やっぱり、チベットは、占領《せんりょう》されないようにするためには、マルクス・レーニン主義を掲《かか》げればよかったわけですよ。チベット仏教を捨てて、マルクス・レーニン主義を掲げれば、同一国家となりますから。

立木　そうしますと、「日米同盟がなくても、日本がマルクス・レーニン主義を掲げれば、日本は中国に保護してもらえる」というお考えですか。

長谷部恭男守護霊　（日本と中国は）ほぼ同じような国じゃないかと私は思うんですよ。もう経済のところは自由で、政治のところは、日本もほとんど社会主義みたいなもんですから、体質的には、ほぼ一緒なんじゃないかねえ。現時点で、（日本は）〝中国の一省《いっしょう》〟と見てもいいんじゃないですか。

「多数決」で考えたら、「中国」のほうが「日本」より地球的に重い？

加藤　ということは、先生は、「わが日本の国が、中国の、いわゆる覇権下《はけんか》に入る」ということになっても、それでよしとされるわけですか。

長谷部恭男守護霊　だって、（中国は）もう経済的に（日本の）二倍になっていて、あと数年後には、アメリカに追いついて追い抜《ぬ》くっていうんでしょう？　だから、おそらく、あっという間に、（日本の）五倍、十倍になるんでしょうから。

それは、「アメリカのハワイ」が、「中国に対する日本の位置付け」になるでしょうよ、いずれ。もう十年もしないうちに、そうなりますよ。戦って勝てるわけないじゃない。

立木　それで、はたして、日本国憲法で保障されている、日本の国民の人権が護れるのでしょうか。

長谷部恭男守護霊　あのね、「人権」ってのはねえ、一人一票で、もう平等なんですよ。人間っていうのは、みな同じ価値を持ってるんですよ。一票の価値は、選挙でも言ってるし、最高裁も言ってるけど、「一対二」以上開いたら、これは違憲《いけん》なんですよ。

その考え方から類推するに、中国は十三億人から十四億人の人口がいて、日本は一億二千数百万人です。つまり、中国のほうは十倍以上の人口がいるわけですよ。だから、多数決でやったら、やっぱり、中国のほうが日本より、地球的に見ると重いわけなんですね。

立木　ただ、中国の今の体制を見ると、必ずしも、中国政府の考えが、「中国人民の方の考えとイコールではない」ですよね？

長谷部恭男守護霊　まあ、少なくとも、メジャーでなければ、政権は引っ繰《く》り返るでしょうから。いちおう、あそこも建前《たてまえ》上は「民主主義」を唱えてますからね。

5 「中国の脅威《きょうい》」に対する長谷部氏守護霊の本音

「中国と戦っても負けるから、もうやめとけ！」

加藤　「集団的自衛権の行使容認の決定や安保《あんぽ》法制の整備、さらには将来的な憲法改正等も含《ふく》めて、日本の防衛力を高めていこう」という取り組みは、無駄《むだ》な動きということでしょうか。

長谷部恭男守護霊　いや、もっとはっきり言うわ！　だから、「中国と戦っても負けるから、もうやめとけ！」って言ってるんですよ。

加藤　「無駄な動きで、もうやらないほうがいい」というわけですね？

長谷部恭男守護霊　ああ、「負けるからやめなさい」って言ってるんですよ。負けるから。「負けるからやめなさい」って。もう軍備拡張したら、向こうに攻撃《こうげき》する口実を与《あた》えるだけでしょう？

だから、南沙《なんさ》諸島でも尖閣《せんかく》でもいいけどさ、そんな小さな島のために戦って、大きな戦争に巻き込《こ》まれたら、たまらないから。また何百万も人が死んだら、たまらないでしょう？

島の一つぐらい、やったらいいんですよ。アメリカが戦争したかったら、勝手にしたらいいんですよ。ただ、「それと一緒《いっしょ》に組まないほうがいいよ」って言ってるんですよ。

綾織　いや、島の一つじゃなくて、もう日本全体が取られてしまいますよね。

長谷部恭男守護霊　全体が取られても、みんな生き延びたらいいじゃないですか、それで。

ハワイだって幸福じゃない？　カメハメハ王朝《おうちょう》はなくなって、アメリカの一部になったけど、地位は上がったじゃないですか。

長谷部氏守護霊の予想する「アメリカ 対 中国」の戦争の結果とは

立木　アメリカと中国が戦争をしたら、どちらが勝つと思いますか。

長谷部恭男守護霊　アメリカと中国？

立木　はい。

長谷部恭男守護霊　いやあ、今のオバマさんだったら分からないね。

立木　分からないですか。

長谷部恭男守護霊　うん、分からない。今のオバマさんだったら。核兵器《かく》を使ってまで戦うだけの決断ができない人だったら、負ける可能性はあるわね。

立木　どちらがですか。

長谷部恭男守護霊　例えば、中国の習近平《しゅうきんぺい》は、独裁性というか、胆力《たんりょく》がすごいですからね。中国は、彼が「大陸間弾道弾《だんどうだん》（ミサイル）、二百発発射！」とか決めたら、それは発射するでしょう。誰《だれ》も止《と》められない、

『中国と習近平に未来はあるか』（幸福実現党）

ね？
アメリカが発射しようとしたら、それは、そう簡単にできないですよ。議会がワーワーワーワー言って、そのうちに、アメリカは、もう主要都市をやられるかもしれない。

日米安保《あんぽ》といっても「中国の覇権《はけん》に敗れる」のは時間の問題？

綾織　その議論でいくと、独裁者は習近平のほうで、安倍《あべ》さんではないでしょう。安倍さんは、習近平から日本を護《まも》ろうとしているわけですよね？

長谷部恭男守護霊　だから、今、安倍さんは習近平になろうとしてるんでしょう？

綾織　いえいえ。

長谷部恭男守護霊　なろうとしてるけど、無理だって言ってるんだ！（机を叩《たた》く）（人口が）十分の一の国なんだから。

綾織　全然、話が逆転しています。

長谷部恭男守護霊　だから、（日本は）人口は十分の一以下、面積は二十分の一以下、経済的にも今、二分の一、これから、もう五分の一、十分の一になっていく。アメリカは衰退《すいたい》中である。

これは、「日米安保」っていったって、もういずれ、中国の覇権《はけん》に敗れるのは時間の問題だから、「命乞《いのちご》いをして、生き延びる道を考えろ」と。

二股《ふたまた》をかけて、アメリカにでも、中国にでも、どちらにでも擦《す》り寄って生き延びるようにいくのが、平和を模索《もさく》する道なんですよ。

綾織　これは、では、「安倍さん的な独裁か、習近平の下《もと》の独裁か」ということなんですね？

長谷部恭男守護霊　戦って平和を維持《いじ》するのは無理だって、いずれにしても。だから、アメリカさんと一緒にやっても、中国は、アメリカを攻撃するよりは、日本を攻撃するほうを先にしますよ。近場ですからね。まず、日本をさんざんな目に遭《あ》わせて、「どうだい。アメリカの保護なんて、まったく利《き》かないでしょ？」と。そういうことは、過去、いっぱいありましたからね。

ベトナムだってアメリカに保護してもらって、南ベトナムはもうサイゴン陥落《かんらく》まで行きましたでしょう？　アメリカに護ってもらったおかげで、いったい何人死んだ？　何百万、一千万かもしれない。

立木　ただ、ベトナムは陸続きで、兵站《へいたん》の補給がどんどんできたから、ベトナムのゲリラは有利だったんですけれども、日本は海で隔《へだ》てられていますので、「侵略《しんりゃく》」と言っても、それほど簡単にはできませんよね。

長谷部恭男守護霊　いや、「ベトナムがアメリカに勝った」と思ったら間違《まちが》いですよ。あれは、やっぱり中国軍が入って、補給をつけて……。

立木　そうです。

長谷部恭男守護霊　軍人も入って、空軍のパイロットまで入って、やって、「中国対アメリカ」の戦いで、中国が勝ったんだ。

朝鮮《ちょうせん》戦争だって、実際は「中国 対 アメリカ」の戦いが背後についてたんだね。

立木　はい。

長谷部恭男守護霊　それで、「三十八度線で（戦いが）止まった」っていうのは、あの時点、一九五〇年代の時点で、中国とアメリカが引き分けたんですよ。それから、中国の軍事は今、その十倍以上、もっともっと行ってますから。もう毛沢東《もうたくとう》思想があるかぎり、「先軍思想《せんぐん》」ですので、軍事が最優先なんだ。アメリカは軍事最優先ではないですよ、必ずしもね。

南京大虐殺《ナンキンだいぎゃくさつ》がなかったとしても「謝《あやま》り続ければいい」

加藤　長谷部先生、わが日本の国は、本当に、高い文化があり、歴史があり、伝統があり、精神性があり、世界に誇《ほこ》るべきものがあると思うんですよ。

長谷部恭男守護霊　どこに？　あんたね、もうそれは、ただの〝国粋《こくすい》主義者〟ですよ。

●先軍思想　すべてに優先して軍事に力を入れる国家の方針で、毛沢東の大躍進政策等がそのルーツともいわれる。

加藤　いや、そうとは思いません。決して、中国の覇権下に入って、屈辱《くつじょく》的に生きていくような生き様《ざま》は、取るべきではないと思うのですけれども。

長谷部恭男守護霊　いや、だから、南京大虐殺《ナンキンだいぎゃくさつ》があったかどうか、あんたがたは議論しているけれども、あってもなくてもいいんだよ。とにかく謝《あやま》り続けとったら、中国が攻撃しないのよ。平和なのよ。それでいいの。

加藤　本当に、それでいいんですか。

長谷部恭男守護霊　いいじゃないですか。やっぱり、みんなが生き残れたら、そのほうがいいじゃない。「平和的生存権」を護《まも》ることこそ、首相なり、内閣なり、憲法学者の使命でしょう。

加藤　いや、でも、憲法審査会《しんさかい》で「違憲《いけん》」と主張することで……。

綾織　まさに、日本国憲法には、そうした国民の「幸福追求権」というものがあって、さまざまな自由権が保障されています。

長谷部恭男守護霊　そう、「幸福追求権」、それが大事です。あんたがたは「幸福の科学」でしょ?

だから、幸福の追求権から見たら、「負ける戦いはしない」こと。これが、幸福追求権。ね?

綾織　一方で、中国が、習近平になるかどうか分かりませんけれども、間接的かもしれないものの、独裁者的に日本を支配するようになったら、この憲法だって、なくなるわけですよね。それで、いいんですか!?

日本を「主権国家」とは認めない長谷部氏守護霊

立木　そもそも、日本国憲法は、「政治道徳の法則は、普遍《ふへん》的なものであり、この法則に従ふことは、自国の主権を維持し、他国と対等関係に立たうとする各国の責務であると信ずる」と謳《うた》っているわけです。

長谷部先生の今のお考えは、この日本国憲法の前文に明らかに反する発想ではないですか。

長谷部恭男守護霊　いや、日本はね、この（憲法制定の）時点では国際社会のなかには入ってないのよ。だから、「（国際社会に）入れてもらいたい」とお願いするために、こういうことを言ってるわけです。この憲法制定のときには、（日本は）国際社会の外側にいたんですよ。これからあとに、多くの人たちに認められて、国連に入れてもらって……、ということが続いていくわけで。

つまり、この時点では、国際社会の外側にあったのよ。

立木　ええ。

長谷部恭男守護霊　日本は、国際社会の一員にしてもらうために、自分たちが悪の立場にあったということを認めて、「自分たちの反省のもとに国家を再建しますので、仲間に入れてください」という立場で、国際社会に復帰していったんですよね。アメリカの庇護《ひご》の下《もと》にね。

まあ、そういうことですので、もともと、この憲法制定のときには、日本には主権なんか、ありゃしないんだ。

立木　今は回復しているわけですよね？

長谷部恭男守護霊　どこに？

立木　今、日本の主権は回復しているわけですよね？

長谷部恭男守護霊　主権は、ないよ。

立木　いや、先ほど、「アメリカと距離を取るために、憲法の枠組《わくぐ》みで物事《ものごと》を考えるのも主権の一部だ」とおっしゃいましたよね？

長谷部恭男守護霊　何言ってんの。あなたがたは、「中国の隷属《れいぞく》国家になるのは嫌《いや》だ」と言ってるけども……、まあ、それは、「隷従《れいじゅう》への道」のことだろ？　ハイエクの〝あれ〟を言いたいのかもしらんけども。

●『隷従への道』（The Road to Serfdom）　経済学者・哲学者フリードリヒ・ハイエクの著書。ファシズムやナチズムと社会主義が本質的に同一であることを明らかにしようと試みた。

綾織　そうですね。

長谷部恭男守護霊　今、日本はアメリカに隷従して生き延びてるわけだ。アメリカに隷従するか、中国に隷従するか。いずれにしても、「隷従国家」であって、主権国家じゃないのは同じですよ。自分たち独自では生き残れないんだから。どっちみち、「ローマ 対 カルタゴ」の立場に立つの。

「今はアメリカが有利だが、先行きは中国が有利」と見ている

立木　仮に、日本が隷従しているとしても、「中国とアメリカのどちらに隷従するのがいいか」は、明らかではないでしょうか。

長谷部恭男守護霊　勝つほうに付いたらいいんだよ。勝つほうに付いたらいい。

●ローマ 対 カルタゴ　紀元前219年から紀元前201年ごろ、ローマとカルタゴとの間で地中海世界の覇権《はけん》をかけ、第二次ポエニ戦争が行われた。結果はローマの勝利に終わり、カルタゴはローマに和平を願い出るも、軍備保有も許されず、戦争も禁止され、事実上の従属《じゅうぞく》国家となった。

今は、アメリカが有利だけど、先行きは中国が有利。

立木　本当にそうなのでしょうか。

長谷部恭男守護霊　だから、戦争が起きるのがいつなのかによって、結論が変わるから、今は、二股《ふたまた》をかけるべきなんだ。

立木　いやいや。やはり、まだ、アメリカのほうが核戦力としては圧倒的《あっとう》に大きいですから、そういう意味で、中国が核でいろいろ脅《おど》しても、本当に実行できるかというと、それはなかなか難しいかなと思います。

長谷部恭男守護霊　いや、先制攻撃したら分からないよ、それは。

だって、大統領がいなくなってたら、どうするのよ。ねえ？　「ワシントン」蒸《じょう》発《はっ》、「ニューヨーク」蒸発、「西海岸」蒸発。まあ、それは、映画の世界にちょっと近いけどね。
かつては、ソ連との間で、それをシミュレーションしてたと思うけど、いよいよ、またもう一回、その時代に入ろうとしてるわけだ。

立木　はい。

日本を占領《せんりょう》し、太平洋への進出を目論《もくろ》む中国

綾織　確かに日本はアメリカに隷従しているのかもしれませんが、中国に隷従した場合、日本が、まさにチベットやモンゴル、ウイグルのような状態になるわけです。あなたは、それでもいいとおっしゃっているのですか。「基本的な人権はない。言論の自由も、信教の自由もない」という……。

長谷部恭男守護霊　うん……。まあ、（中国は）日本を占領《せんりょう》したいでしょうね。日本を占領しないと、太平洋に出て行けないもんね、基本的にね。

綾織　そうかもしれませんね。

長谷部恭男守護霊　中国にとっては、「アメリカと、太平洋をハワイで半分に割ろう」というのが、第一段階の戦略でしょう？

綾織　はい。

長谷部恭男守護霊　その次は、西海岸まで行くのかもしらんけども、そうしたら、やっぱり、日本が邪魔《じゃま》だよね。「目の上のたんこぶ」だよね？

綾織　ええ。

長谷部恭男守護霊　「日本を、どう料理するか」っていうことが大事だから、今、日本を料理するために、日本の周りの島を占領して、島嶼戦《とうしょせん》で、日本をどこからでも攻撃できるような陣地《じんち》を築きに入ってるんだと思うね。

綾織　ええ。

長谷部恭男守護霊　尖閣だって、そのうち占領されるから。いずれね。今、中国は、尖閣の対岸、つまり、中国の南部のところに、尖閣占領用の軍事基地を、どんどんつくってるからね。

安倍さんは、中国が南沙諸島で飛行場をつくって、軍事基地をつくってるのに反対して、サミットで批判したりしてるけどさ、中国は、「自分のものだ」と言ったら、すぐつくり始めるところですからね。「日本は、尖閣を実効支配してる」とおっしゃるなら、尖閣諸島に軍港や要塞《ようさい》ぐらいつくって、防衛すべきですよね？

綾織　そうですね。

長谷部恭男守護霊　だけど、それができないでしょう？　日本人でさえ上陸できないでしょう？　近寄ったって、海上保安庁に〝逮捕《たいほ》〟されるでしょう？　そんなのだったら、事実上、主権なんか放棄《ほうき》してるのと同じですよね。

ある日、中国が、あっという間に上陸して、あっという間に建物を建てますよ。あっという間に砲台《ほうだい》ができますよ。そんなの、あっという間ですよ。ワーワー言ってるうちに、あっという間につくっちゃいますよ。だから、事実上、すぐ占領されますよ。

加藤　だからこそ、安全保障体制を強化し、防衛力を高めていかなければいけないときが来ていると思うんです。

長谷部恭男守護霊　うーん。

〝舌先三寸《したさきさんずん》〟で日本の安全が保障されるのか

加藤　話が少し戻《もど》ってしまうのですが、やはり、早稲田《わせだ》や東大の憲法学の先生となると、影響力《えいきょうりょく》には非常に大きいものがあると思います。

長谷部恭男守護霊　お世辞を言ったって駄目だよ。

加藤　いや。先ほどから、ご本心を伺《うかが》っていて、「憲法審査会で『違憲だ』と言った本当の理由は何なのか」を突《つ》き詰《つ》めていくと、「もう今さら、中途半端《ちゅうとはんぱ》にやっても無駄だ」という……。

長谷部恭男守護霊　（日本は）負けるから。

加藤　「中国に隷従しなさい」ということですよね？

長谷部恭男守護霊　だから、自衛なんかできないって言ってるのよ。

加藤　しかし、何度も申し上げますが、「本当にそれでよいのでしょうか」ということなんですよ（苦笑）。

長谷部恭男守護霊　だからね、自衛なんかできないのよ。

加藤　それで、よいのですか？

長谷部恭男守護霊　自衛ができるっていったら、相手としては、そうだねえ。どのくらいなら行けるかなあ……。まあ、台湾《たいわん》が攻《せ》めてくるとか、スリランカが攻めてくるとか、インドネシアが攻めてくるとかいう程度なら、自衛隊を増強して護《まも》るぐらいはできるかもしれないけども、アメリカとか、中国とか、ロシアとかあたりまで来たら、基本的には、もう無理だね。

綾織　今、おっしゃっている議論は、「憲法学者としての議論」というよりも、単に、「一個人として生き残りたい」という、ただそれだけになってしまいますよね。

長谷部恭男守護霊　やっぱり、私たちの法解釈《かいしゃく》によって、多くの国民の、生命の安全を護り、平和のなかに生存する権利を保障できるっていうことはね、素晴《すば》らしいことじゃないですか。そのために、何十年か、勉強してきた……。

綾織　そのようなことでは、国民の権利は保障されませんよ。

長谷部恭男守護霊　いやいや。私たちの解釈、〝口先、舌先三寸《したさきさんずん》〟で、日本の安全が保障されるなら、大きいことじゃないですか。

日本国憲法は、「もう二度と悪いことはしません」という証文《しょうもん》?

綾織　ただ、そのなかで、国民の権利は存在するのですか。

長谷部恭男守護霊　いや、平和的生存権が維持できます。

綾織　生存権だけですよね。

長谷部恭男守護霊　うん。

立木　つまり、「奴隷《どれい》の平和」ですよね？

長谷部恭男守護霊　いや、奴隷にはなってないからね。それは、なってからあとの話ですけど。奴隷になる前に「皆殺《みなごろ》しになる」っていうのがあるわけですから。安倍さんについていったら、皆殺しになる可能性があるわけですからねえ。

綾織　やはり、それは考え方の問題で、安倍首相がやろうとしていることは、「日本国憲法に書かれているような国民の権利を護る」ということなのではないのですか。

長谷部恭男守護霊　国民の権利って……。

綾織　それが、ある意味で、日本国憲法を守ることだと思います。

長谷部恭男守護霊　憲法ができる前の敗戦期には、日本の国民の権利なんか、ゼロだったのよ。

綾織　当時は、そうですね。

長谷部恭男守護霊　日本国憲法っていうのは、要するに、「もう、二度と悪いことはしません」っていう〝証文《しょうもん》〟なんですよ。こういう証文を入れて、「だから、お付き合いしてください」って、ほかの国に頼《たの》んだ。これは証文なんだよね。だから、これを厳格に守らないと。これを反故《ほご》にしたら、あっという間に、国際社会からはじき出されるようになるね。

綾織　ここに書かれている「国民の権利」については、どう思われるのですか。

長谷部恭男守護霊　それは、国内ではいいですよ。国内では、やったらいいんじゃないですか。

国外に関しては、すぐには通用しないですよね。日本に利害関係のある外国の人たちが、それを認めないかぎり、なかなか維持できないですよね。

「日本は中国に恭順《きょうじゅん》の意を示せば、攻《せ》められない」

綾織　中国に支配されたら、それ（国民の権利）は認められないわけですよね？

長谷部恭男守護霊　いやあ、中国大陸だって、何百万……、まあ、向こう（中国）

は「何千万」と言ってるかもしれないけど、「日本人はそれくらい殺した」とおっしゃっとるからさ。

どこまでほんとかは知らんけれども、被害《ひがい》があったのは事実であろうし、その贖《しょく》罪《ざい》を求めて、延々と恨《うら》み続けていらっしゃるんだから。

まあ、そうおっしゃる以上、そうなんでしょう。だから、お付き合いをしてもらうためには、こちらが頭を下げる以外、方法がないじゃないですか。

綾織　その分、日本人の権利が侵害されても構わないのですか。

長谷部恭男守護霊　うん。過去、日本が、中国人を殺したのは事実だろうからね。殺したことをなかったことにして、「文句《もんく》を言ったら、また中国を攻撃《こうげき》して、皆殺しにしてやる」なんて言うんだったら、これは、サダム・フセインと同じ国家じゃないですか。

綾織　だから、日本は攻《せ》められても構わないと？

長谷部恭男守護霊　いや、恭順《きょうじゅん》の意を示せば、別に、攻められないんじゃないですか。

綾織　うーん。

長谷部氏守護霊が日米同盟を受け入れない理由

長谷部恭男守護霊　いずれにしても、下手《へた》な政治をやられたら、中国とアメリカの間である日本が主戦場にされるのでね。沖縄《おきなわ》県知事だけじゃないんですよ。沖縄県知事は、沖縄のことを考えとればいいけど、日本列島そのものが主戦場になるわけですから。どうせ、中国は、アメリカなんかに攻めていくわけないじゃないですか。

綾織　ええ。

長谷部恭男守護霊　（机を叩きながら）日本が主戦場になるんですよ！　日米安保のせいでね。たぶん。

綾織　やはり、これは憲法学者としての判断ではないですよね。

長谷部恭男守護霊　ああ、まあ、そうだね。

綾織　ええ。

長谷部恭男守護霊　そういうところもあるね。まあね、確かに。

綾織　軍事的な情勢を判断して、日本はもう勝てないから、とにかく頭を下げて生存を許してもらうという……。

長谷部恭男守護霊　でも、憲法の成立過程は、そういうことだよ。「もう、どこども戦争いたしません。もう二度と、再び立ち上がって、他国を攻撃するようなことはしません」っていうのが、立法趣旨《しゅし》だよ。間違いなく、そうだよ。それを、今、政府の解釈で変えようとしているわけだからね。

立木　ただ、憲法はありますが、日米同盟ができて、これで日本の安全を護《まも》るという体制が、戦後、長らく続いているわけです。

したがって、この「憲法」と「日米同盟」が、きちんと整合するように解釈《かいしゃく》するのが、本来の憲法学者の役割ではないかと、私は思うのですけれども。

長谷部恭男守護霊　うーん……。

立木　長谷部先生のお考えは、「日米同盟そのものが、もうなくてよい。これは枠《わく》外《がい》だ」というような話になるのですが。

長谷部恭男守護霊　いやあ、でも、沖縄戦《おきなわせん》からあと、アメリカは敗戦も含《ふく》めて、見苦しい戦いばっかりしてるじゃないですか。

それから、自国民も「正義の戦い」と思って行ったけど、帰ってきて発狂《はっきょう》してる人の山じゃないですか。

あれを見たら、「アメリカの正義」っていうのが国際標準でないことは、よく分かるので。カーッときたら攻撃《こうげき》するっていう国だから、いつも、これと共同歩調でやってたら、平和を求める日本人の穏《おだ》やかな気質は変わっちゃいますよ、完全にね。

6 「日米安保《あんぽ》」と「集団的自衛権」について

恩師の恨《うら》みを晴らすべく、〝安保《あんぽ》革命〟を成就《じょうじゅ》させようとしている

立木　アメリカにまったく問題がないとまでは言いませんが、例えば、米ソの冷戦においても、もし、日米同盟なくして放《ほ》ったらかしだったら、おそらく、日本はソ連ないし中国の占領下《せんりょうか》に置かれて、その独立と平和は護れなかったと思います。それを、日米同盟で護ってきたという実績があるわけです。

また、冷戦では、実際にソ連を破りました。そういう実績があるのですから、やはり、日本としては、「アメリカと組んで、中国が暴発しないように、しっかりと抑止力《よくしりょく》を高め、中国の内政の転換《てんかん》、体制の転換を図《はか》っていく」という方向を取るべきだと、私《わたくし》は考えます。

長谷部恭男守護霊　いやあ、私の恩師たちは、安保闘争《あんぽとうそう》の時代を生きた方々ですから。あのときは、もうちょっとのところまで行っていましたのでね、岸《きし》首相のころはね。

国会を取り巻き、首相官邸《かんてい》を取り巻き、首相退陣《たいじん》に追い込《こ》んで、日米安保を失効させようとして必死でやって、もう一息のところまで行って……。

実際は、日米安保を継続《けいぞく》させて、岸さんは退陣されるかたちになった。襲《おそ》われて重傷も負《お》われたけどね。

いずれにしても、もうちょっとだったわけです。あれで、〝安保革命〟が成立していれば、日本は、とっくに中国の傘下に入っていたんですから。やっぱり、そのときの革命が成就《じょうじゅ》しなかったことへの、諸先輩《せんぱい》がた、諸先生がたの恨《うら》みを晴らすべく、もう一回、その体制を試みるべきでないかなと。

綾織　ああ、革命を成就したいわけですね。

長谷部恭男守護霊　そうですね、基本的にはね。

綾織　そういうことですね。

長谷部恭男守護霊　ええ。

綾織　なるほど。

加藤　一九六〇年に〝安保革命〟なんかが起きていたら、その後の日本の未来はなかったと思います。

長谷部恭男守護霊　いやあ、よかったと思いますよ。あのクレイジーなアメリカと一緒《いっしょ》に、世界中を戦争して歩いてたりしたら、大変なことになりましたから。今まで、その中途半端《ちゅうとはんぱ》な生き方で、バランスを取りながら、ハンドルを切って生きてきたけど、何とか、うまく生き延びたと思いますよ。われわれ憲法学者の力だと思いますよ、上手に生き渡《わた》ってこれたのはね。

「最高裁だけではなく、憲法学者も憲法の番人だ」と主張する

綾織　では、いろいろなマスコミや沖縄なども含めて、もう一回、安保闘争をやっていこうとされているわけですね？

長谷部恭男守護霊　うーん。最高裁なんかも、いつも逃《に》げるからね。砂川《すながわ》事件なんかの判決でもそうだけど、アメリカとの安保条約なんかに基《もと》づく〝あれ〟に関しては、実質上、日本の主権は制約されているというふうな考えですよね？

●砂川事件判決　1957年、東京都立川市砂川町の米軍立川基地拡張に反対するデモ隊の一部が、基地内に立ち入ったとして7名が起訴された。第一審では、米軍駐留が憲法九条違反だとして、全員無罪とされたものの、最高裁は原判決を破棄。「憲法九条は、自衛のための措置として、他国に安全保障を求めることを禁じていない。外国軍隊は憲法九条の『戦力』に該当しない。安保条約は高度の政治性を持ち、明白に違憲無効とはいえない」とした。

綾織　うーん。

長谷部恭男守護霊　まあ、分かりにくいかもしらんけど、統治行為論《こういろん》といって、まあ、「裁判所は、政府が考える統治行為に対して、誰《だれ》が見ても分かるような、明白な憲法違反《いはん》という状況《じょうきょう》がないかぎりは、事実上、口出ししない」みたいな……。

綾織　はい。

長谷部恭男守護霊　要するに、「司法消極主義」だね。これを認めたわけですよ。安倍さんたちは、それに乗っていって、「司法消極主義でいいんだ。われわれが決めることだから」というようなことで、ワーッと言ってる。彼らは、「統治行為に対して口を出すな」と言いたいわけだけど、どっこい、そうはいかない。

やっぱり、憲法の番人は「最高裁」だけではなくて、「憲法学者」も番人であるわけなのでね。戦後の出発点を忘れないように、「初心忘るべからず」と繰《く》り返し唱える儒学者《じゅがくしゃ》みたいなものが憲法学者なので、そう言ってるわけです。

東南アジア各国については「知ったことではない」

綾織　戦後の出発点はそうなのかもしれませんが、一方で、戦後七十年がたち、東南アジアの各国が、「日本の自衛隊に来てほしい。アメリカだけではなくて、日本にも南シナ海を中心に護ってほしい」と言っている以上……。

長谷部恭男守護霊　いや、行くべきじゃないですよ。前に行って、ひどい目に遭《あ》ったんだから。行ったら、攻撃するでしょう？　攻《せ》めるでしょう？　戦場になるわけです。

だから、また、日本人もたくさん死ぬわけですから。それを、また……。

綾織　東南アジアの各国が、「もう、そういう、日本国憲法の九条に代表されるような考え方をやめてほしい」と言っています。

長谷部恭男守護霊　知ったことじゃないですよ。日本国憲法は、もう、基本的には、自分のことしか考えてないんだから。

立木　実際、日本国憲法前文には、「いづれの国家も、自国のことのみに専念して他国を無視してはならない」と、これは、「政治道徳の法則である」と書かれているわけです。

つまり、「集団的自衛権を認めない」ということも、「自分だけ護ってもらって、何もしない」ということですので、これは、憲法の趣旨《しゅし》に反するわけですよね。

長谷部恭男守護霊　「国際紛争《ふんそう》の解決には関与《かんよ》しない」っていうのが憲法九条だから、これは、「国際紛争の解決を、武力でもってはやらない」ということなので、この精神からいったら、もう……。

憲法を改正するなら、したらいいですよ。それは、したらしょうがないと思うけど、憲法の「前文」のところと「九条」と、両方を改正しないかぎりは、やっぱり、基本的にできないですよ。今、安倍さんがやろうとしてることは、（憲法の前文と九条が）ないのと同じですから。憲法の前文と九条の部分がないならできることを、解釈によってやろうとしてるからね。これはおかしい。

なぜ国連憲章でも認められているものに「違憲《いけん》」を唱えるのか

綾織　この憲法九条や、前文もそうでしょうけれども、それ以前にある「自然権」として、「国が攻められたら護る」ということについては、どうお考えなのですか。

長谷部恭男守護霊　いや、それは、「国」っていうのが、何か法人みたいに、きっちりとした、自然人《じん》に代わるような存在として存在するならいいですよ。まあ、そういう「巨人《きょじん》」ね？　ホッブスが言うような、そういう「巨人」みたいな感じで動いているならいいけど、そんな統一体じゃないもん。

意見はバラバラで、もう、野党はいっぱい意見を言うし、国民やマスコミもバラバラの意見を言ってる。そういう烏合《うごう》の衆《しゅう》みたいな集まりで、そのときどきに意見が変わったり、多数が変わったりするようなところですから。

だから、そういう、「国」というもの、そのものを護るのではなくて、やっぱり、「地球市民」の一員として、世界から誇《ほこ》りに思われるような生き方をすることが大事なんですよ。

加藤　しかし、憲法の上位概念《がいねん》としての自然権として……。

長谷部恭男守護霊　「上位概念」って認めたわけじゃないですよ。そう言う人もいるというだけですから。

加藤　その自然権のなかに、「自衛権」があると。

長谷部恭男守護霊　うん。

加藤　「自衛権には、個別的自衛権と集団的自衛権がある」、これは当然のことですよね、国連憲章でも認められておりますから。それを具体化するための法案整備に一歩踏《ふ》み出すのが、なぜ悪いのでしょうか。なぜ、それが「違憲《いけん》」になるのでしょうか。

長谷部恭男守護霊　いや、「当然である」っていうのは、今、言ってることであってね。憲法をつくったときには、「個別的自衛権」も「集団的自衛権」も、こんなものを考えた人は、誰一人いませんよ。

「先の戦争の痛手《いたで》として、日本とドイツには反省期間が必要」？

加藤　国際情勢も変わってきましたので、本来の国家固有の権利を、具体的な法案としていくだけのことです。

長谷部恭男守護霊　いや、私らは、別に、憲法だけを言っているわけではなくて、戦後の七十年を見たら、もしですね、もっと早い段階で、安倍さんが言うような状況にできたら……。

例えば、朝鮮《ちょうせん》戦争があったときには、もう、安倍さんが言ってるような状況に国を変えることができたし、マッカーサーは、そういうふうに圧力をかけてましたよ、変えるようにね。国体を変えるように言ってたけど、日本国民はみんな、「平和の体制」「平和主義」を支持していたから、動かさずにやった。

だけど、もし、朝鮮戦争のときの一九五〇年ぐらいに、安倍さんが言うような体制になってたら、日本は、そのあとのアメリカの戦争ぜーんぶに、金魚の糞《ふん》みたいについて行って、いっぱいやってるわけで、「早くも、そんな国家になっちゃった」と、世界各国から恨《うら》みを買ってますから。

ドイツだって、戦後はずーっと謹慎《きんしん》を続けてるわけですから、やっぱり、先の戦争の痛手《いたで》っていうのは、（机を数回指先で叩《たた》く）一定の反省期間が要《い》るんですよ。

綾織　ドイツは、集団的自衛権を認めています。

長谷部恭男守護霊　うん。まあ、まあ、まあ、まあ、それはＥＵだからね。ええ、ええ。

綾織　なぜ、日本だけが駄目《だめ》なのでしょうか。

長谷部恭男守護霊　え？

綾織　「ドイツはよくて、日本では駄目」という理屈《りくつ》は立たないですよね。

7 安倍《あべ》首相を危険視する理由

時代に合わせて憲法解釈《かいしゃく》が変遷《へんせん》している事実

長谷部恭男守護霊　だから、日本は、「天皇制の温存《おんぞん》」と引き換《か》えに、すべての権利を放棄《ほうき》したんですよ。結局は、そういうことなんです。「天皇制を維持《いじ》するために、何でも捨てます」ということで、武装解除して、すべてを捨てたわけなんです。そういうことなんですよ。

だから、「日本が再武装する」っていうなら、天皇制はなかったんですから。

綾織　（苦笑）やはり、占領《せんりょう》状態で時間が止まってしまっているようですが、そこから、もう七十年近くたっています。

長谷部恭男守護霊　憲法は、それから字句、一つも動いていないんですから。

立木　字句は変わっていませんけれども、実際、解釈《かいしゃく》は変わっているわけですよね。

長谷部恭男守護霊　うん、まあ、それは……。

立木　今、立憲主義で、「これに反するから駄目《だめ》だ」というようなことを、すぐにおっしゃるのですが、その憲法解釈そのものが、実は、戦後の流れのなかで、何回も変わっているわけです。

また、先ほどおっしゃった安保《あんぽ》改定のときに、岸《きし》首相は、「集団的自衛権は一切《いっさい》が否定されているわけではない。限定はされるけれども、あるんだ。さすがに、アメリカまで行って、日本の自衛隊が防衛するのは無理だけども、日本の周辺だったら、集団的自衛権は、そのようなものに尽きるものではない」ということを言っていました。ところが、七〇年代以降に、「まったく、一切《いっさい》認めない」というように、解釈を変更《へんこう》しているわけです。

前回の変更はよくて、なぜ、今回の変更は駄目なのか。これは、筋《すじ》が通らないですよ。

長谷部恭男守護霊　いやあ、やっぱり、安倍《あべ》首相が、だいぶ本性《ほんしょう》を現してきてるからね。彼は、「専守防衛」から完全に踏《ふ》み外してますね。もう、乗り越《こ》えてます。

あれは、吉田松陰《よしだしょういん》なんかを引き合いに出して、孟子《もうし》の「千万人と雖《いえど》も、吾往《われゆ》かん」みたいな感じの、攻《せ》めていく思想だよね。あれのほうに入ってきてるから、専守防衛じゃないね。もう、「近隣《きんりん》の諸国を取りに行きたい」ぐらいの気持ちを持ってるから、これは危険。特に危険。

綾織　それはないと思いますが（苦笑）。

長谷部恭男守護霊　危険です。

綾織　日本の存立基盤《そんりつきばん》として、南シナ海もかかわっていますので、ある程度、それを護《まも》れるというのは大事だと思います。

長谷部恭男守護霊　そんなことを言えば、中東にだって、「戦争されたら、日本の油に影響《えいきょう》が出るかもしれない」ということで、参加できますからね。

綾織　それはありますね。

長谷部恭男守護霊　だから、航空自衛隊が、「イスラム国」の空爆《くうばく》に参加したって構わないわけですから。

綾織　あれは、日本の安全とは、直接には絡《から》まないと思います。

長谷部恭男守護霊　でも、やっぱり、そういうのは、憲法体制そのものを完全に見直さないかぎりは、許されないですよ。

「憲法改正」に対する拒絶《きょぜつ》を見せる長谷部氏守護霊

加藤　ただ、日本国憲法の場合には、改正へのハードルが高い、「硬性《こうせい》憲法」ですよね。

長谷部恭男守護霊　いや、別に、こんなのは普通《ふつう》ですよ。

加藤　いや、比較的《ひかく》、硬性の部類に入るとは思うのです。

長谷部恭男守護霊　いや、普通ですよ。国民投票で半分ですからね。過半数ですから。

加藤　その分、国際情勢の変化に応じての憲法解釈の変更、憲法の変遷《へんせん》を認めていかないことには、国家の存立が図《はか》れない事態も、やはりあると思うのです。

長谷部恭男守護霊　だから、法律なんて専門事項《じこう》で、国民はよく分かんないからね。マスコミに解説されても分かんないから、選挙で受かった専門知識を持った方が議論して、それで、半分の過半数で通るっていうんなら、普通の法律と一緒《いっしょ》ですからね。法律なんか、知らないうちに、幾《いく》らでも通るじゃないですか。

加藤　憲法の場合、衆参三分の二以上に加えて、国民投票がありますけどもね。

長谷部恭男守護霊　ええ、ええ。だけど、うーん、「憲法を変える」っていう重大な事項なら、三分の二ぐらいは、そういう選良《せんりょう》というか、選ばれた人たちが、「(改正）したほうがいいんじゃないか」ということを発案してですねえ、発議《ほつぎ》する。

あと、国民投票ですが、国民は、だって、半分ぐらいしか投票しないことも多いじゃないですか。三割しかしないときもあるぐらいで、半分しか投票しないこともあるわけですから、そのうちの半分以上が賛成すれば改正できるなら、国民の四分の一が賛成しても、通っちゃうんですよ？

加藤　私も、「(発議の）三分の二のハードルを下げろ」とか、そういうことを言っているわけではなくて、「憲法改正が現実に難しいなか、ある程度の憲法解釈の変更の余地を認めておかなければ、国家の存立をまっとうできない事態もある」ということを言っているのです。

長谷部恭男守護霊　いやあ、世論《せろん》を変えればいいわけです。マスコミたちに応援《おうえん》させて、それで、与党《よとう》も野党も、議員たちが「国の存亡《そんぼう》の危機だ」と思えば、それは、心を一つにしなきゃいけないんで。

アメリカの民主党と共和党だって、やっぱり、国益に反すると思うことに対しては、一致《いっち》して行動してるわけですから、そうでなかったら改正できないのは、当たり前じゃないですか。

だから、一政党だけが賛成しても、ほかが反対してるっていうのに、これはやらせない。だから、「(国会議員の)三分の一が反対したら改憲できない」ってことは、今、野党の重みを、十分に民主主義的に評価してるわけで、これは、「民主主義っていうのは、多数決だけではなくて、少数者の意見も反映する」っていうことを、十分に証明してることなんですね。

「今の安倍さんには、自分から攻《せ》めていきたい感じがする」

綾織　安倍政権としても、「集団的自衛権を認めます」というのは、先の衆院選（二〇一四年十二月）のなかで、公約として入っているわけですよね。
確かに、国民側が、それをつぶさに見ているわけではないですけれども。

長谷部恭男守護霊　分からないでしょう、国民はね。

綾織　ただ、それに反対するのであれば、やはり、その時点でやるべきです。

長谷部恭男守護霊　だから、あの（衆院選の）時点ではね、集団的自衛権にしても、「アメリカさんが、もっと護ってくれるんかな」ぐらいにしか……。
だから、「助けに来てくれるのが、もうちょっと楽になって、コミュニケーションがよくなって、一緒に防衛してくれる。自衛隊だけで尖閣《せんかく》とかを護らないといけないのだったら大変だけど、アメリカと、もうちょっと連携《れんけい》してやれますよ。（現行の解釈では、日本を）護ろうとしてるアメリカ軍を攻撃《こうげき》されたとき、自衛隊は、それをずーっと見殺しにしなきゃいけないんだ。それじゃ、アメリカが本気にならないでしょ？」みたいな感じだったと思うんだけど、今の安倍さんの感じは、そうじゃなくて、自分のほうから攻《せ》めていきたいっていう感じが強いですからね。

綾織　いや、今も、姿勢はそんなに変わっていません。

立木　それは、かなり主観的な思い込《こ》みが入っていらっしゃるんじゃないでしょうか。

綾織　やはり、国民の選挙での判断としても、「集団的

『「集団的自衛権」はなぜ必要なのか』
（幸福実現党）

自衛権というのは要《い》るだろう」ということだったと思います。

長谷部恭男守護霊　国民なんて、（机を何度も叩《たた》きながら）ホルムズ海峡《かいきょう》がどこにあるか知らないんですからね。ホルムズ海峡とドーバー海峡の違《ちが》いなんか分かりゃしないんですから、ほとんど。

8 「国民主権」と「領土の保全」について

明治憲法から現行憲法への「奇々怪々《ききかいかい》な変更《へんこう》」とは

綾織　「国民主権」については、どうお考えなのですか。これも、前文のなかで、はっきりとありますよね？

長谷部恭男守護霊　まあ、そらそうですよ。

綾織　「ここに主権が国民に存《そん》することを宣言し」とあります。

長谷部恭男守護霊　だから、矛盾《むじゅん》した憲法ですよね。

「明治憲法を改正してやった」って言うけど、明治憲法では、主権は天皇にあるんですよね？

綾織　はい。

長谷部恭男守護霊　天皇主権ですよね？

綾織　ええ。

長谷部恭男守護霊　「天皇主権から国民主権になって、明治憲法の改正で、現行日本国憲法はできた」っていうことになってる。「主権天皇」から「主権国民」に回ったら、普通《ふつう》、これは革命ですよね？

綾織　はい。

長谷部恭男守護霊　革命だから、主権者だった天皇は、追放されるか処刑《しょけい》されるかしないと、普通はおかしいことですよね。普通は国外追放か、処刑されてる。だから、「（天皇は）そのまま『象徴《しょうちょう》』として温存しながら、主権者が移動した」っていうかたちの、まことに奇々《きき》怪々《かいかい》な憲法の変更《へんこう》ではあるんだけど、ここについては、「マッカーサーという〝神〟が降りて、『八月革命』を成し遂《と》げられたために、革命として起きたことだからしかたがないんだ」ということで、みんな解釈《かいしゃく》を放棄《ほうき》してるわけです。

中国とアメリカの間を上手に逃《に》げ延びるのがいい？

綾織　ただ、国民主権であることは間違《まちが》いないわけです。

長谷部恭男守護霊　まあ、それはそうです。

綾織　では、国民の判断として、「やはり、集団的自衛権が要《い》るんだ。あるいは、国を護《まも》るんだ」というように判断すれば、今回のような安保《あんぽ》法制も許されると思います。

長谷部恭男守護霊　ただ、その前に、国民は「知る権利」を十分に保障されなきゃいけない。

綾織　今日は、すごく正直にお話ししていただいたので。「中国に対して降参するのがいいんだ」という議論ですよね？

長谷部恭男守護霊　「知る権利」を言わないと……。だから、マスコミがちゃんと報道しなきゃいけないし、マスコミがちゃんと報道するためには、学者が、ちゃんとした厳格な解釈を述べなきゃいけないわけで、ムードだけでやられるのが、いちばん危険ですからね。

綾織　そうですね。あなたの憲法解釈の背景にある、「中国に降参《こうさん》するのがいちばんいいんだ」という考えを、国民に知っていただくのは重要です。

長谷部恭男守護霊　まあ、「降参」しなくてもですね、やっぱり、中国から、(日本に)大量に買い物に来て、「爆買《ばくがい》」しに来てくれて、一人当たり二十五万円もお買い上げして帰ってくれて、リピート客になって、また来てくれて買ってくれるっていうのは、日本経済をよくするためにはありがたいじゃないですか。

綾織　経済的には、そうかもしれません。

長谷部恭男守護霊　そういう意味では、中国とは仲が悪くならないほうがいいし、そうであったら、もう、中国もアメリカも両方、いいお客さんなんだから、中を取って、うまく付き合うのがいいんです。

明らかに仮想敵にしたら、経済的にも、また絶対に締《し》めつけが来るんだから、そのへんは、もう、「自分の分《ぶん》を知って、ウナギのように、上手に逃《に》げ延びなきゃいけない」ということを言ってるわけだ。

「中国軍が日本領土に上がってきたら、日本は徴兵制《ちょうへいせい》で戦うのか」

綾織　そのように逃げ延びて、国民の権利も護られず、いろいろなものが侵害《しんがい》され、自由が侵害されていくということについて、おそらく、国民は判断を下《くだ》すと思うのです。やはり、それが、「国民主権」ですので。

そのときに、国民が、「奴隷《どれい》でいいんだ」という判断をされると思いますか。

長谷部恭男守護霊　だから、まあ、「奴隷」というのは別としてだね……。

綾織　いやいや、奴隷ですよね。

長谷部恭男守護霊　例えば、「尖閣《せんかく》は日本領土だ」と言って、口では戦っているけど、もし、尖閣に中国軍が這《は》い上がってきて、艦船《かんせん》がいっぱい来て、上を航空機がいっぱい飛んで、そこで陣地《じんち》を築き始めたときに、「これは戦わなきゃいけない」という論陣《ろんじん》を張って、「もう、徴兵《ちょうへい》制でもいいからやって、国民も戦う。血を流してもらいますからね」と、あなたがたは本当に言えるんかっていうことですよね。

綾織　いやいや、尖閣と徴兵制は、ちょっとつながらないですが。

立木　徴兵制は、だいぶ時代遅《おく》れになっています。今は、かなりテクノロジーが進歩して、専門性がなかったら軍隊を運用できない世界ですから。

長谷部恭男守護霊　「南シナ海の島の攻撃《こうげき》」っていうのに関しては、日本の国土でないから、今のところ、これに軍隊を出す権利、根拠《こんきょ》がないですけど、「日本領土だ」と言っているところに関しては、護る権利は、あることはある。だけど、本当に中国軍が（日本領土に）上がってきたら、あんたがたは、血を流して戦うのかと。自衛隊が今のままだったら、向こうが攻撃を開始しなければ、反撃はできないことになっていますから。

例えば、今、ジェット機のスクランブルをかけてるけど、あれ、スクランブルになってないよ、ね？　向こうが撃《う》たないかぎり反撃できないですよ、基本的に。ロックオンされて、ミサイルを撃たれたら、自衛隊の「F何とかは必ず墜《お》ちる」んですから、それは、現在、死ぬのを承知の上でやっているということですね。

「本当に、血を流して、それをやるんですか」っていうことだし、それで自衛隊員が死んだら、あとを補強しなきゃいけないわけだから、フリーターの人が行くかどうかは知らないし、フリーターじゃなくて、あなたがたのように、ちゃんと働ける人たちが行くかもしれない。

私なんかは、もう免除《めんじょ》されると思いますけども、「本当に、その領土のために戦うんですか？ 領空のために戦うんですか？」ということですね。

立木　少なくとも、自衛隊の方々は、そういう覚悟《かくご》をお持ちだと思います。

長谷部恭男守護霊　本当かどうか、それは分かんないですよ。「戦争をしないから、自衛隊員になった」、あるいは、「自衛隊員の妻になった」という人はいっぱいいるわけですからね。

立木　そういう方はお辞《や》めいただくかたちになるでしょうけれども、大多数の方は、基本的に、「己《おのれ》の命を懸《か》けて護るんだ」という決意でいらっしゃると思いますので、あまりそのあたりのことを強調すると、彼らに対して、非常に侮辱《ぶじょく》になるのではないかと、私は危惧《きぐ》します。

アメリカが日本のために、最大の貿易相手・中国と戦う保証はない？

長谷部恭男守護霊　だけど、中国人民解放軍は二百万人以上いますし、本気になれば、それは一千万だって、二千万だって、軍を形成してきますから。あっちは徴兵制でやりますよ、平気でやれますから。もう、一千万、二千万の軍隊になりますよ、あっという間にね。それに対して、今、自衛隊なんか、二十万いるかいないかぐらいの……。

立木　ただ、テクノロジーの差が非常に大きくありますので、そういう意味では、日本の自衛隊は先進諸国のなかでも有数の戦力です。

長谷部恭男守護霊　結局は、「アメリカに戦ってほしい」っていうことだろうけど、アメリカは民主主義の国だから、議会で承認が出なきゃいけない。「地球の裏側まで行って、日本のために血を流すかどうか」っていう決断をしなきゃいけないわけです。それで、アメリカに血を流してもらうために、恩義を売ろうとして、今、安倍さんは媚《こび》を売ってるんだろうと思うけどね。

でも、やってくれる保証はないよ。だって、アメリカと中国は、貿易額としては一番なんだよ、お互《たが》いね。アメリカの一番の貿易相手は中国なんですから、中国との取引《とりひき》を失うと景気が悪くなりますからね。いやあ、そうなるとは必ずしも分からない。

「憲法学者には〝ブレーキを踏《ふ》む〟役割がある」という認識

綾織　アメリカが全面で戦うというよりも、やはり、第一義的には、「日本がどう護るか」なので、考えるべきは、「日本として、護れる体制をどのように整えるか」ということですよね。

長谷部恭男守護霊　たぶん、今のところ、日本国民は、九州に上陸とかされたら、それは戦わなきゃいけないとは思うだろうけど、離島《りとう》ぐらいなら諦《あきら》めるんじゃないかなと、私は思うんですよ。

加藤　いや、必ずしも分かりません。今回、そのための平和安全法制、日米同盟の強化があるわけですので。

また話は少し戻《もど》ってしまうのですが、憲法審査会《しんさかい》での「違憲《いけん》」とおっしゃった発言については、例えば、十分な情報開示の下《もと》、衆参において十分な審議がなされたりとか、法案の一部修正とか、「何か条件が付けば合憲」とおっしゃる余地はないのでしょうか。

長谷部恭男守護霊　うーん……。

加藤　やはり、絶対に「違憲」ですか。

長谷部恭男守護霊　いやあ、やっぱり、私たちは〝ブレーキを踏《ふ》む〟役割ですので、憲法を読むかぎりは、どう考えたって、これは「違憲」ですよ。それ以外、結論はないですねえ。ええ。

加藤　そう主張することが、憲法学者としての使命だということなんですか。

長谷部恭男守護霊　私が憲法学者じゃないならね、私が刑法学者ならね。もちろん、「正当防衛」っていう考えがあるから、向こうが殴《なぐ》りかかったら、もちろん殴り返したって構わないし、向こうが銃弾《じゅうだん》を撃ってきたら、刃物《はもの》で切り返したって、別に構わない。刑法的にはそうでしょうけどね。

だけど、憲法学者としては、そんな単純なものではなく、「国家 対 国家」のものに関しては、もっと慎重《しんちょう》で緻密《ちみつ》でなければいけないと思うので。やっぱり、一人の独断的な思い込《こ》みがそうとう強いなあっていう……。

綾織　それで議論するならば、「正当防衛か、そうでないか」という議論なので、「正当な防衛体制をつくりましょう」という、それだけの議論ですけどね。

長谷部恭男守護霊　だけど、その正当防衛だって、さっき言った「自然権」だって、基本的には、個人の人間に関することから発想していっているわけだけど、国家というレベルになると、やっぱり、いろんなものが複雑に絡《から》み合ってくるので、一緒《いっしょ》ではないんだっていうことを……。

綾織　まあ、それはそうですね。

長谷部恭男守護霊　だから、発想が逆なんだということだね。国家が決めたことに関しては、個人は自分の権利を護れなくなることがありますのでね。強制的に命を奪《うば》われることだってあるわけですから、本当に。

綾織　はい。

長谷部恭男守護霊　広島や長崎《ながさき》だって、原爆を落とされたけど、これは、彼らに何かの罪があったわけでも、間違いがあったわけでもありませんからね。うん。

綾織　もちろん、そういうものを護るのが政治家の仕事です。

9　「憲法」と「平和」についての総合的見解

日本国憲法の「国民主権」「基本的人権」「平和主義」は守られているか

綾織　申し訳ないですけれども、憲法学者は、「国民の命を護《まも》る」ということに対しては、やはり責任を果たせないと思います。

長谷部恭男守護霊　だけど、七十年間ですよ、この平和体制。「国民主権」「基本的人権の保障」「平和主義」、これが日本国憲法の三大柱《ばしら》なんですよ。

綾織　はい。

長谷部恭男守護霊　このくらいは覚えておいてほしいと思うんですがね、いいですか？

だから、もう一回言いますよ。「国民主権」、ね？　「基本的人権の保障」、それから「平和主義」。これが、日本国憲法の三つの基本で、この三つを外《はず》したら、日本国憲法は、日本国憲法じゃなくなるんですよ。これを、中学以降、みんな教えてるはずなんでね。

安倍さんは、これが頭に入ってないから、心配なんですよ。

綾織　いやいやいや（苦笑）。今までの長谷部先生守護霊の議論ですと、「国民主権」もないし、「基本的人権」もないですよ。

長谷部恭男守護霊　安倍さんは〝首相主権〟だしね。だから、「平和主義」は放棄《ほうき》してるしね。ええ？

綾織　うーん。あなたのほうには、「極端《きょくたん》な平和主義」だけがありますよ。

長谷部恭男守護霊　（安倍首相は）「国民主権」だって信じていない。選挙で勝てば、「勝てば官軍」というだけのことでしょう。「国民主権」じゃないよ。「選挙で勝ったところが権力者になる」という、そういう考え方だと思う。あれの考えは。

綾織　あなたのお考えは、逆に、憲法の精神を守っていないと思います。

長谷部恭男守護霊　そうかなあ。

綾織　ええ、そうですね。国民を護れないですから。

加藤　「国民の生命・安全・財産を護り、国家の主権を守る」ということは、やはり、政治における、最も大事な責務だと思うんですよ。

長谷部恭男守護霊　そんなことはないんですよ。増税をかけて、国民の財産を奪《うば》っているのが政府なんですから、あなたがたが言うとおり（笑）。ええ？

加藤　いやいや（苦笑）、われわれは、決して……。

長谷部恭男守護霊　「増税反対」って、あなたがたが言ってるとおりね、相続税でも、国民の財産をバカッと取れるわけですから。財産なんかいくらでも、公共の福《ふく》祉《し》でも何でもいいんだけど、言い方は何でもいいんだけど、取れるんですからね。うん。

加藤　われわれは、安倍政権に対しても「是々非々《ぜぜひひ》」で臨んではいるのですが、少なくとも今回の安保《あんぽ》法制については、やはり、どう考えても必要な一手を打っていると思えるんですね。

日本人が中国の「精神的な奴隷《どれい》」になることはありうるのか

長谷部恭男守護霊　だけどねえ、基本的に、あなたがたは宗教だから、宗教の言葉で言うけどども、安倍さんがあなたがた国民に求めてることはね、「命のお布施《ふせ》をしろ」と言ってるわけですよ。「仏のため」じゃなくて、「首相のため」に。

綾織　いや、国民に対して求めているわけではありません。国民に対して言っているわけではないですよ。自衛隊に対しては、やはり、「国を護る使命を全《まっと》うできるようにしよう」ということです。

長谷部恭男守護霊　攻撃《こうげき》されるのは自衛隊だけじゃありませんからね。一般《いっぱん》市民だって攻撃は受けるわけで。中国のミサイルなんていうのは、どこに飛んでくるか分かんないし、北朝鮮《きたちょうせん》のミサイルだってね？　自衛隊の基地と米軍基地だけに当たると思ったら大間違《おおまちが》いなんですから。百キロもズレたところに落ちることなんか、いくらでもあるわけですから。

あるいは、原発事故もあったから、あそこにだって落ちたら、もう、大変な被害《ひがい》が出るかもしれないんですからね。

綾織　「一部の犠牲《ぎせい》」と、「国民全体が奴隷《どれい》になるか」の選択ですよね。

長谷部恭男守護霊　いや、「奴隷」は極端ですよ。まだ分からない。そこまでは分からないですから。

綾織　いえいえ、おっしゃった話はそういうことですよ。

長谷部恭男守護霊　奴隷じゃなくて、それは……。「肉体的に奴隷にする」っていうんなら、それは、多少は抵抗《ていこう》しなきゃいけないかもしらんけども、肉体的な奴隷じゃなくて、「精神的に奴隷になる」っていうことはあるかもしれない。

それは、「かつて、日本が従軍慰安婦《じゅうぐんいあんふ》を強制連行して、凌辱《りょうじょく》した」という、まあ、やつらの理論ですけれども、嘘《うそ》か本当か、私は知りませんが。もし、それをやりたかったら、中国の経済が日本の五倍、十倍になってね、中国人が歌舞伎町《かぶきちょう》や渋谷《しぶや》に来て札びらを切ってね、お金にもの言わして、歓楽《かんらく》のなかで日本人女性を自由に抱《だ》きまくる。そういうことができれば、「従軍慰安婦の仕返しができた」と、精神的には思うかもしれないわね。ええ。

「戦うよりは降伏《こうふく》したい」というのが日本国民の総意？

綾織　結論的には、その「精神的奴隷になる」ということを、日本国民として受け入れられるかどうかという話になりますよね。それは、私たちとしては、やはり「ノー」になりますけどね。

長谷部恭男守護霊　それは、インドのガンジーみたいに、無抵抗主義で頑張《がんば》ったらいいんじゃないの？

綾織　ああ。

長谷部恭男守護霊　それは、武器を持たず、無抵抗。宗教なら、そうすべきですよ、無抵抗主義で。あとは、「塩《しお》の行進《こうしん》」か何かで、浜辺《はまべ》まで行進したらいいんじゃないの？

綾織　うーん。

長谷部恭男守護霊　だから、「一切《いっさい》協力しない」ってやればいいわけで、中国語を押《お》しつけられてもしゃべらない。日本語を使い続けて、日本文化で生きていくということをやれば、いいんじゃないの？
　その代わり、いっぱい銃殺《じゅうさつ》……。

綾織　それを日本国民全員に強制するのが、長谷部先生（守護霊）の立場になりますよね。

長谷部恭男守護霊　いや、それはどうなるかは知りませんけど。ただ、今の安倍さんの安直《あんちょく》な考えの、「法案だけ通せば日本が護れる」なんて思うのは甘《あま》いということですよ。

綾織　いや、もちろんそれだけでは足りないと思います。

長谷部恭男守護霊　日本国民全体が、戦う気がほとんどないんですから。だから、「戦うよりは、サレンダー（降伏《こうふく》）したい」っていうのが、今の国民の総意なんですよ。

綾織　いや、そんなことはないと思います。

加藤　それが総意かどうかなんて分からないですよ。違うと思いますけど。

長谷部恭男守護霊　いや、だいたいの意見はそうですよ。だから、安倍の支持率、どんどん落ちてるじゃないですか。だから、「戦うぐらいだったら、降参したい」というのが、だいたいのマスコミ世論《せろん》。

綾織　いやいや、そんなことはないと思います。

「憲法改正」を議題にせず、改正手続きだけを変えるのは国民蔑視《べっし》

綾織　それは、まさに、「こうした議論をして、国民の声を聞きましょう」ということですよね。実際に、今の安保法制の議論は分かりにくく、何をやっているのかが分かりませんので。

長谷部恭男守護霊　分かりにくいですよ。分かりにくいから、そういうのだけでやるべきじゃないと思うよ。

だって、もし、国民がそれを支持するんならね、「憲法九条改正」を議題に出してやったって勝てるはずですから。ちゃーんと国会で。国民投票でも勝てるわけで、やったらいいんですよ。

綾織　そうですね。堂々と議論すべきだと思います。

長谷部恭男守護霊　それをしないっていうのは、通らないことを知ってるから、そうやって〝脇道《わきみち》〟からやろうとしてるんでしょ?

この前は、●手続法《てつづきほう》のほうの改正で……。

綾織　はい、ありましたね。

長谷部恭男守護霊　憲法の改正手続きのほうを変えれば、国民は分からないからね。

●手続法の改正　2014年6月、「日本国憲法の改正手続に関する法律（憲法改正国民投票法）」の一部を改正する法律が成立。将来の憲法九条改正を視野に入れ、周辺の関連法の整備を着々と進めている。

もう、蔑視《べっし》してるのよ。国民を蔑視してるんですよ。だから、手続法を改正して、それで、法律と同じように簡単につくれるんだったら、選挙で勝ったところは憲法改正もできますもんね。自動的にパーッとできちゃうから。まあ、そういう考えでしょう?

だから、安倍さんの考えのなかに、すごく「独裁者的」というのが言いすぎだったら、国民を蔑視する、「自分よりバカだ」と思っている〝目〟があるわけだけど、「どっこい、安倍さんより賢《かしこ》い国民はたくさんいるんだ」っていうことを、早稲田《わせだ》大学の教授、東大教授、元東大教授は言い続けているわけですよ。ほかの教授も言っているわけですよ。

綾織　そこは、正面から堂々と、時間をかけて議論すべきだと思います。

長谷部恭男守護霊　嘘だと思うんだったら、(安倍首相の出身校の)成蹊《せいけい》大に法学部があるのかどうか知らんけど、あるとして、そこの憲法学の教授を呼んで、安倍さんの支持をするかどうか、訊《き》いてみたい。みんなで喚問《かんもん》したらいいんだよ。そして、駄目《だめ》だったら、安倍さんの卒業資格を取り消しゃあいいんだよ。

「手続きとして、先に憲法改正をすべきだ」との主張

加藤　確かに、学問や言論の自由はありますが、長谷部先生ぐらいの影響力《えいきょうりょく》になると、発信する内容に関する責任には大きなものがあると思いますよ。

長谷部恭男守護霊　いや、私より大川隆法さんのほうが、責任は大きいですよ。やっぱり、怖《こわ》いのは宗教ですから。宗教がね、ムードをつくったり、狂信者《きょうしんしゃ》をいっぱいつくり出す傾向《けいこう》があるから。政府が宗教にいろいろ頼《たよ》りたがる気持ちも、分からないことはないんですけども。理性を麻痺《まひ》させて、ムードでワーッと。

綾織　いえいえ。逆に、「宗教がマスコミの洗脳を解く」というところがありますよね。マスコミのほうが、むしろ極端な議論をしてますから。

長谷部恭男守護霊　うーん。まあ、とにかく憲法学者はね、これを認めたら、みんな、良心の苦しみ、呵責《かしゃく》から、もう、教壇《きょうだん》に立てなくなるんですよ。

綾織　そうかもしれませんね。

長谷部恭男守護霊　安倍さんが、これをやれるんなら、何でもできるよ。何でもやれますから。ほんとに。

立木　いや、今回の解釈《かいしゃく》の修正、変更《へんこう》というのは、かなり限定的な、極《きわ》めて厳しい要求のもとでやっていますので。

長谷部恭男守護霊　いや、限定っていったって、なし崩《くず》しにくるんだから。次々と、いくらでも。

立木　いえ、いえ、いえ。

長谷部恭男守護霊　国民は一回、これ通しちゃったら、あとは、やられ放題ですからね。

立木　いや、今回は、公明党も〝頑張って〟、かなり抑制《よくせい》的にやった面もあります。そんな簡単に、安倍さんを独裁者のような感じでおっしゃるのは、ちょっと、ズレている気がしますけど。

長谷部恭男守護霊　だから、「結婚《けっこん》制度なんか、法律で護らなくたって、個人の自由で、いくらでも男女でくっつけばいい。生活もできるし、子供ができたって、別に保護されてるんだからいいじゃないか」っていう考えもあるかもしれません。だけど、それを強く推《お》したら、結婚制度そのものは、やっぱり崩れていくし、法律的にも護られなくなっていきますからね。

「事実婚でも産んでいいじゃないですか。子供を産んだら、ちゃんと保護されるし、親として認められるし、子供だって補助も受けられるし」っていうような言い方をする人もいるかもしれないけど。

やっぱり、そうじゃなくて、「法律でちゃんと手続きを踏《ふ》んで、家庭を持ってもらったほうが、健全な社会ができますよ。同じように、憲法に違反していると思うのなら、憲法改正の手続きを踏んでから法律をつくってください。憲法を変えずに、自衛隊法をつくって、自衛隊をつくったようなことを何度も何度も繰《く》り返して、やっていけるんだったら、結局、憲法がないのと一緒《いっしょ》ですよ」と、まあ、そういうことですね。

「幸福の科学大学の不認可」は明らかに「憲法違反《いはん》」

綾織　それでいくなら、「憲法を変えましょう」という議論ですね。

長谷部恭男守護霊　いや、だからね、もちろん、解釈権がないとは言わないよ。憲法で全部を網羅《もうら》はできないから、憲法を読んでも分からないようなところについては、解釈は加えられなきゃいけないし、時代が変遷《へんせん》して変わっていくことはある。

君らで言や、それは、「学問の自由」のところを言ってるんでしょ？　日本国憲法によればですね、「学問の自由は、これを保障する」と、ちゃんと書いてあるわね。「憲法二十三条。学問の自由は、これを保障する」で、何にも、それに対する例外規定が載《の》ってないよね？

なのに、君たちが、ハッピー・サイエンス・ユニバーシティをつくったら……。

●ハッピー・サイエンス・ユニバーシティ（HSU）　「現代の松下村塾」として2015年に開学の「日本発の本格私学」（創立者・大川隆法）。「幸福の探究と新文明の創造」を建学の精神とし、初年度は「人間幸福学部」「経営成功学部」「未来産業学部」の３学部からなる（４年課程）。2016年春には、新たに「未来創造学部」が開設予定。

何か、一万九千ページかなんか知らない、ものすごい資料を出したらしいけど、そんなの読む人はいないよ、たぶん。だから、（文部科学省《もんぶかがくしょう》が）これを否定するにはどうしたらいいかって、簡単に言って、「ああ、霊言《れいげん》があるから学問でない」みたいなことを持ち出してきて、それで否定して、「大学の認可を下《お》ろさない」とか言うんでしょ？

これは、憲法には違反《いはん》してるよね。そういう意味で、憲法の条文だけから見れば違反してる。

ただ、それを、行政行為《ぎょうせいこうい》で法律をつくったり、あるいは、通達とかでいろいろやって、解釈して、「こういうふうにする」というような感じで、自分たちで隙間《すきま》を埋《う》めていって、つくってるわけよ。そういうことは、ほかのところでも行われてるからね。だから、「絶対、解釈でやれない」というわけではないけどね。

ただ、特にそういう重要な、何て言うかね、戦争のようなことに当たることに関しては、ある程度、厳格に行かないと。最高裁でさえ、すぐ逃《に》げるんだから。

綾織　それは、教育のほうも同じです。厳格に、憲法二十三条でやってほしいです。同じだと思いますよ。

長谷部恭男守護霊　いや、「学問の自由」は大事だと思いますよ。私は、こっちに関しては、君たちに賛成していい。

綾織　はい。

長谷部恭男守護霊　やっぱり、「宗教だから学問の自由がない」とか、「大学がつくれない」とかいうことに対して、「ほかのところよりも、ものすごい厳格な基準がかかる」っていうのは、おかしい。

綾織　そうですね。

長谷部恭男守護霊　だから、重大な犯罪行為？　オウムみたいな犯罪行為をやっといて、「大学をつくりたい」って言ったって、それは、社会的に危険犯だから、それを止《と》めるのは当然だけども。

やっぱり、あの世を「信じる人」と「信じない人」、両方ありえるけども、どちらであっても、日本国民としては平等の権利は持ってるわけで。信じる人たちが、「自分たちの信仰《しんこう》に基《もと》づく教育をしたい」っていう権利を主張したら、日本国憲法から見れば、これは保護されてるので、これは、認めるべき。

綾織　はい。

長谷部恭男守護霊　大学としての形式とその内容は、誰《だれ》から見ても分かる、「明白に具体的に大学として運営できる」という体制ができてるのなら、これは無条件に認めなきゃいけない。審議会《しんぎ》なんかで、そんなのを決めるなんて、これは、国民が選んだ人たちでもなければ、憲法が認めたもんでもないから。

綾織　そうですね。

長谷部恭男守護霊　（大学設置）審議会が十人か十五人か知らんし、どういうふうに選ばれたかも、文科省《もんかしょう》が勝手に選ぶもんだから。彼らが多数決で決めたことが、そのまま通るなんていうのは、学問の自由、憲法の内容を、そういう文科省が選んだ少数の人たちが決められるっていうことで、これは「憲法違反」だと私は判断する。

綾織　そのとおりですね。

長谷部恭男守護霊　これについては、君たちと同じです。

「なし崩《くず》しにやるのはよくない」と繰《く》り返す長谷部氏守護霊

長谷部恭男守護霊　ただ、この憲法九条に関しましては、やっぱり、先ほど言った、戦後の三つの大きな柱《はしら》ですね。このなかの一つでありますから、せめて、憲法九条改正に対しては、正面から取り組んで。

どうしても、これは通らないと言うけれども、実際、「急迫不正《きゅうはくふせい》の侵害《しんがい》」、つまり、「中国が本当に占領《せんりょう》してくるかもしれない」とか、「北朝鮮が日本に対して攻撃をかける準備をしてきて、どうにもならない」とかっていうような状態で、「米軍だけに任《まか》せといたんでは、ファーストアタック等で非常な被害が出る」「アメリカのほうは議会が遅《おそ》そうで、米軍がそんなに協力的でないから、これは危ない」というようなときだったら、それは、まあ、刑法《けいほう》と同じですね。闇夜《やみよ》で襲《おそ》われた女性と一緒で、「男の急所を蹴《け》り上げるぐらい当たり前だ」っていうようなのと同じだね。

あるいは、近くにいた人たちはみんな助けに来ても、それは何も犯罪じゃない。近くで見かけた男性が来て、暴漢《ぼうかん》に殴《なぐ》りかかるっていうのは、共同自衛権とか、集団的自衛権かもしらんけども、それは当たり前の、人間の道義《どうぎ》に基づく行動だからね。まあ、それはいいけど。

ただ、厳格に考えていかなければいけなくて、やっぱり、「最初からなし崩《くず》しにやるのは、よくないいんじゃないか」という感じかなあ。

だから、安倍さんの答案は、早稲田大学では「不可」ということです。憲法論では。

10　本霊言《れいげん》の影響《えいきょう》を心配する長谷部氏守護霊

「気が弱いから、できたら戦争してほしくない」という本音

綾織　今日は、「『平和』の論理診断《しんだん》」ということで、お話をお伺《うかが》いしてきたわけですけれども。

長谷部恭男守護霊　ええ、よく分かったんじゃない？　みんな分かったんじゃない？　「ああ、憲法っていうのは大事なもんだ」って。

綾織　「時間が占領《せんりょう》時代で止まっている」というのも分かりました。また、憲法学者でありながら、結局は、「日本は負けるんだ」ということを前提にしていますよ

ね。

長谷部恭男守護霊　負けるよ。負ける、負ける、負ける。

綾織　それは、軍事的な判断ですよね。憲法学者の判断としては、矩《のり》を踰《こ》えているところがあると思います。

長谷部恭男守護霊　いや、私なんかは気が弱いから、できたら戦争してほしくないのよ。

綾織　（苦笑）まあ、個人としては、それでいいと思います。

長谷部恭男守護霊　うん。

綾織　それは、政治家、為政者《いせい》が判断することですので。

長谷部恭男守護霊　まあ、武闘《ぶとう》派の人には戦っていただきたいとは思うけど、私なんか、戦いたくないので。

綾織　はい。個人のお気持ちとしては分かります。

長谷部恭男守護霊　（戦場に）出たら、いちばんに殺されるのは分かってるから。すぐ撃《う》ち殺されるのよ、私なんか、どうせ。

もう、ヒョロヒョロッと歩いてるうちに、パンと撃たれて終わりだから。

綾織　また、「平和」の論理の先にある、「国民が精神的な奴隷《どれい》になる」ということについても、やはり、長谷部先生としては、責任を取れないと思います。

長谷部恭男守護霊　うん。従軍《じゅうぐん》記者は、産経新聞だけで行ってもらったらいいわ、本当に。

綾織　まあ、それでいいのかもしれませんけれども（苦笑）。

長谷部恭男守護霊　ええ、ええ。

「地球上の島なんて誰《だれ》のものでもない」と言い出す長谷部氏守護霊

綾織　ただ、「国民が精神的な奴隷になることについても責任を負えない」ということは分かりました。

長谷部恭男守護霊　いや、やっぱり、憲法学者がちょっと抵抗《ていこう》してね、粘《ねば》ってたら、中国のほうも、もっともっと金を落としに買い物に来たりして、日本との〝よりを戻《もど》そう〟と、今やってるから。

アメリカとの衝突《しょうとつ》が最後になるかもしれないけど、アメリカだって中国との取引《とりひき》があるから、すぐには戦争したくないのは分かっているので、アメリカも動けない。それで、日本も積極的に動けないという状況《じょうきょう》をつくっておけば、「中国 対 フィリピン」「中国 対 ベトナム」みたいな戦いになったら、中国と戦うのは、彼らは怖《こわ》いから、結局、中国の取り放題になって、中国の島になる。だけど、日本にとって何の利害も関係ないよ。

綾織　いやいや、関係があります。

長谷部恭男守護霊　ないですよ、別に。

綾織　日本にとっても、重大です。

長谷部恭男守護霊　中国領であろうと、ベトナム領であろうと、フィリピン領であろうと、全然関係ない。

綾織　いえ、いえ、いえ。やはり、シーレーンは、日本の生命線ではあるので。

長谷部恭男守護霊　何も関係ないですよ。中国と決裂《けつれつ》して、口もきけないような状況になるよりは、別に取られたほうがいいと思いますよ。

綾織　そこの判断は、やっぱり違《ちが》いますね。

●シーレーン　有事の際に確保しなければならない海上交通路。日本のように資源やエネルギー等の多くを外国に依存する国家にとって、シーレーンの安全確保は重要な課題となっている。

長谷部恭男守護霊　もともと、地球上の島なんて、誰《だれ》のものでもないんだから、いいんですよ。そのときに強い者が取ればいいんです。

立木　それは、「正義は要《い》らない」ということですね。

長谷部恭男守護霊　え？

立木　「正義は関係ない」と。

長谷部恭男守護霊　いや、強い者が正義なんでしょ？　歴史を書いたの……、世界史を書いてるのは強い人ですよ。日本史も勝った者《もん》が書いたんだ。負けた者が書けないんだ。

綾織　それは、憲法学者の言うことではないです。

長谷部恭男守護霊　まあ、歴史学者の言うことです。

綾織　そうかもしれません（苦笑）。

長谷部恭男守護霊　ええ、ええ。

聖徳太子《しょうとくたいし》の十七条憲法《じゅうしちじょうけんぽう》を、「ただの公務員法」と言い放つ

加藤　先ほどの、憲法審査会《しんさかい》での「違憲」発言自体が、憲法学者としてのレーゾンデートル（存在理由）のようにも受け止めさせていただきました。

長谷部恭男守護霊　まあ、訊《き》き方にもよるけどね。まあ、「違憲か、合憲か」と訊

かれたら、「違憲」と言わざるをえないよね。

加藤　ちなみに、憲法学者になられて、よかったですか。後悔《こうかい》してないのですか。なんだか、お話を伺っていて、「虚《むな》しい学問だな」っていう感じがすごくします。実態に即《そく》していない解釈《かいしゃく》を積み重ねるなかに使命を……。

長谷部恭男守護霊　うーん。まあ、もうちょっと才能があったらねえ、大川隆法さんみたいに、やっぱり〝ボロ儲《もう》け〟してみたいですな。だから、憲法の本なんか売れないから。何冊書いたってね。

綾織　お金でやっているわけではありませんから。

加藤　お金の問題ではありません。

長谷部恭男守護霊　時間を百倍以上かけて書いても、売れやしないから。数千部しか売れないからねえ、ほんと。

加藤　ちなみに、冒頭にも話が出ましたが、私《わたくし》ども幸福実現党は、憲法試案を持っております（前掲《ぜんけい》『新・日本国憲法 試案』参照）。

長谷部恭男守護霊　ああ、あれは憲法じゃない。あれは憲法じゃない。

加藤　やはり、憲法というのは、人間の知恵《ちえ》でつくるものである以上に、神仏の理念を実現するために、成文化《せいぶんか》したものだと思ってるんですよ。

長谷部恭男守護霊　あのねえ、聖徳太子《しょうとくたいし》の十七条憲法《じゅうしちじょうけんぽう》なんていうのは、あれは憲法じゃなくて、あれは単なる、役人の服務規程《ふくむきてい》だから。

加藤　まあ、このあたりは、もう議論が噛《か》み合わないことは承知で、最後に申し上げました。

長谷部恭男守護霊　それは、もう、公務員法ですよ、ただの。公務員法なんで、憲法じゃないですから。憲法っていうのは……。

綾織　そのへんは、ちょっと、大学に戻っていただいて、授業でやっていただければいいかと思います（苦笑）。

長谷部恭男守護霊　ああ、そうか。

今回の守護霊霊言《れいげん》で「早稲田《わせだ》から追放されないか」が心配

綾織　今日はお忙《いそが》しいなか、お呼び立ていたしまして、いろいろとお話を頂き、ありがとうございます。

長谷部恭男守護霊　これはどんな感じで……。これ、活字になったら、どんなふうになるんでしょう？　私は、どんなふうに見えるんでしょうか。

綾織　非常に、本音《ほんね》の部分を話されていたと思います。

長谷部恭男守護霊　まあ、国会よりは明快な言い方をしている。

綾織　明快ですね。

今回、一連の議論が分かりやすく展開されて、非常によかったと思います。

長谷部恭男守護霊　（本人が）「早稲田《わせだ》から追放される」っていうことはないですよね？

綾織　まあ、それはないと思いますけれども。

長谷部恭男守護霊　（追放）された場合はどうする？

綾織　「学問の自由」はありますので、そんなことはないと思います。

長谷部恭男守護霊　どっかで拾《ひろ》ってくれる？　うーん……。ちょっと、これは不利な感じで……。本人の承認を得てないから、不利ですね。本人は、もうちょっと厳格かもしれないから。

綾織　本人は、法律用語を使って、よく分からないことをおっしゃると思いますけれども、本日は本音の部分がよく分かりました。

「平和」を言っていれば、宗教も生き延びることができる？

長谷部恭男守護霊　やっぱり、宗教は手を出しちゃいけないところがあるんじゃないですか？　宗教は、宗教の分《ぶん》を守って、文学部の宗教学科の範囲《はんい》から出てはいけないんじゃないですか。

綾織　いや、宗教も政治と同じように、国民の幸福に責任を負っていますので、これはどうしても必要な議論だと思います。

長谷部恭男守護霊　うーん……。
まあ、大川隆法さんは私と同年代だから、よく意識はしているし、政治や法律論まで発言があることは知っているんだけど、やっぱり、分を超《こ》えちゃいけないと思うね。
だから、自分たちが宗教として生存できる、〝生存権〟を優先しなきゃいけない。〝宗教の生存権〟。宗教としての分を超えなければ、日本社会のなかで生き延びていって、発展することができますから。

綾織　ただ、宗教が平和を考えるというのは当然のことですので。

長谷部恭男守護霊　だったら、「平和」を言っときゃいいんだよ。だから、（私たちと）同じなの。

綾織　いやいやいや、平和を具体的に考えます。

長谷部恭男守護霊　ほかの宗教は、みんな、「平和」を言ってるから。だから、「平和」を言っときゃいいのよ。そしたら、生き残れるから。うん。

その間に信者を増やして、支持者を増やして、幸福実現党を政党にしてから、「合憲」って言えばいいんですよ。それまでは、「合憲」って言わずに、平和勢力のほうに与《くみ》して、「違憲」と言っといたほうが、（幸福実現党は、選挙に）通る人が増えるんです。

そのへんの知恵が、ちょっと必要なのよ。

綾織　いや、われわれは平和について真剣《しんけん》に、「具体的に考える」ということです。

幸福の科学は日本の未来のために活動している

長谷部恭男守護霊　まあ、今日の私は〝損得勘定《かんじょう》〟から見ると、どう見えるのかな。

綾織　長期的には、かなりプラスが大きいと思います。

長谷部恭男守護霊　長期的にはプラス？　これ（本霊言《れいげん》）が出て、読んだ人はどういうふうに見るわけ？　これ、自民党が喜ぶわけ？　野党が喜ぶ？

綾織　国民としては、憲法学者の論理が非常にクリアに分かって、短期的にもプラスはあると思います。

長谷部恭男守護霊　（地上の本人が）「『信仰《しんこう》の自由』のなかには、『信じない自由』

もある」とかいうほうを強調し始めて、「私はこれを信じない。私の霊言としては信じないので、信じない人には、この内容は効果が及《およ》ばない」とか、こう言い出したらどうするわけ?

綾織　個人でそう思われるのはいいと思います。でも、読者は、また別の判断をされると思います。

長谷部恭男守護霊　まあ、君らも、今は集団を持ってるからね。〝デモ隊〟が早稲田に押《お》し寄せてくるのはまずいから。それは、まずい。それはしないでいただきたいとは思うんだけど。

綾織　いや、そういうことはないと思います。

長谷部恭男守護霊　いやあ、君ら、ここまで〝火中《かちゅう》の栗《くり》〟は拾っちゃいけないよ。安倍さんのために、そこまで一肌脱《ひとはだぬ》いで、今まで何にもいいことなかったでしょう？　そういう人なんだから。

加藤　別に安倍さんのためにやっているわけではありません。この国の未来のためであります。

長谷部恭男守護霊　ええ？　〝長州一藩《ちょうしゅういっぱん》〟のために、そんな……。

加藤　国民のみなさまの幸福と平和のためです。

「日本は〝消極的平和主義〟で構わない」と言う長谷部氏守護霊

綾織　安倍さんにも、よく分からない議論ではなくて、国会でもクリアな議論をしてほしいという注文はしたいです。あのままでいいわけではないと思います。

長谷部恭男守護霊　だから、最高裁だってね、もう〝逃《に》げて逃げて〟してるわけだからな。「統治行為だと言うから、判断しない」とか、〝逃げて逃げて〟してるところを攻《せ》め込《こ》む憲法学者は偉《えら》いのよ。ねえ？　そう思ってもらわなきゃいけない。

加藤　いや、統治行為論になかにある一種の司法消極主義自体、一つの健全な判断だと思いますが、お話を伺っていて、〝憲法学者消極主義〟のようなものがあってもよろしいのかなと思いました（笑）。まあ、半分冗談《じょうだん》ですけれども。

長谷部恭男守護霊　いやあ、積極的平和論なんかも、（積極的）平和主義なんかも、〝消極的平和主義〟で構わないんですよね。日本だけが一国平和だったらいいというのは、消極的平和主義でしょうけどね。「積極的平和主義」って言うから、これはどこまでやるか、やっぱり気になるじゃないですか。ねえ？

立木　しかし、日本も大国の一つですから、それだけの責任を国際社会に負っていますので、「安全保障面だけで、自分は何もやりません」というのは、なかなか通用しない面がございますので。

長谷部恭男守護霊　そうはいったってねえ、アメリカ合衆国だって、EUだって、テロとの戦いとか、みんなやってるわけですから。そのテロとの戦いに、日本が一枚嚙まされたら、結局、日本もテロにさらされるようになるわけですよ、下手《へた》したらね。だから、気をつけないと。

綾織　そうしたことについては、日本として、独自の判断をすべきだと思います。

長谷部恭男守護霊　そしたらね、日本に敵対してないような中東諸国だって、本当に日本人をテロの標的として、世界各地で狙《ねら》うようになるからね。資金源をつくりたかったら、日本人をやればいいわけですから。

自衛隊の活動がよいかどうかは〝商売感覚〟で判断している？

綾織　それは、まさに日本の主権に基づいて判断すべきものだと思います。

立木　今、そこの部分の取り組みが十分でないので、アフリカ●のほうでも日本人が狙われて、犠牲《ぎせい》者が出たりしているわけですよ。だから、本当にそこをしっかりしようとしたら、安全保障の体制を築かないといけないというのが……。

長谷部恭男守護霊　うーん……。実際、アフリカまで自衛隊が行って、「邦人《ほうじん》救出のために、相手の国の人たちを皆殺しにする」みたいなことはできないですよ、日

●**アルジェリア人質事件**　アフリカのアルジェリアにて、2013年1月、イスラム系武装集団が天然ガスの関連施設の外国人約40人を人質にとって施設を占拠。犯人は自爆し、人質にも多数の死者（日本人は10人）が出た。

本の今の……。

綾織　皆殺しになんかしませんよ（苦笑）。議論が極端です。

長谷部恭男守護霊　アメリカがやることはそういうことでしょ？　空爆《くうばく》をしまくるんでしょう？　だから、自衛隊が外国へ行って空爆するという……。

綾織　いや、日本がそういうことをするわけではありませんから。

長谷部恭男守護霊　だから、フィリピンのために、日本がアメリカ軍と共同で南沙《なんさ》諸島の（中国の）基地を空軍……、空軍じゃない、航空自衛隊が爆撃したりして得られる利益は、フィリピンとの取引額と中国との取引額を考えてみたら、よく分かるでしょう？　だから、もうやめたほうがいいの。ねえ？

綾織　それは、憲法学者の判断することではないと思います。

長谷部恭男守護霊　まあ、そうだよ。私、こういう商売の才能も少しあるんですよ、感覚がね。

綾織　逆に、今日は憲法学者の矩《のり》を踰《こ》えていらっしゃるのかなという印象を持ちました。

長谷部恭男守護霊　ああ、そうか。うーん……。

「私は左翼《さよく》憲法学者ではなく、王道の憲法学者」

長谷部恭男守護霊　うーん、何かすっきりしないね。

「労働の権利」として、「児童は、これを酷使《こくし》してはならない」とか、憲法に書いてあるね。その〝第四項《こう》〟に、「憲法学者は、これを酷使してはならない」と、入れといたほうがいいねえ、憲法にね。もう、ほんとに。

綾織　憲法学者として、ご活躍《かつやく》をお祈《いの》りいたしております。

長谷部恭男守護霊　何だか、あんまり有利でないような気が……。何か、そういう気持ちがすることは……。

私は左翼憲法学者でなくて、王道の憲法学者なんですよ。

綾織　はい、憲法学のなかでは、そうなのだと思います。それは理解しております。

長谷部恭男守護霊　うーん。

加藤　ただ、お考えをお聞かせいただいて、本当に参考になりました。ありがとうございます。

長谷部恭男守護霊　まあ、五反田《ごたんだ》にも〝国会の出張所〟があることはよく分かりました。「もう、二度と呼ばれたくないな」とは思いますので、私が呼ばれるようだったら、次の人を指名しますから。ほかの方に譲《ゆず》りますので、事前にご相談ください。「こっちをお願いします」って、言いますから。

今回の霊言《れいげん》は、素人《しろうと》にも分かるように語られた

長谷部恭男守護霊　私、もしかしたらダメージを受ける可能性があるかもしれない。

綾織　まあ、憲法学のだいだいの議論というのは分かりましたので。

長谷部恭男守護霊　分かった？

綾織　はい。

長谷部恭男守護霊　まあ、素人《しろうと》に分かるように言ったから。専門的に言うと、もっと分かりにくい議論になるんですけどね。

加藤　お考えが非常によく分かりました。

長谷部恭男守護霊　分かった？　分かった？　分かった？

綾織　とても価値があると思います。

加藤　かなり分かりやすいです。

長谷部恭男守護霊　今、早稲田《わせだ》の講義も、わりに評判はいいんだよ。みんな、「よく分かる」と言って。「なかなか、よく分かる」と言ってくれるんで。

綾織　はい、非常に勉強になりました。

「私が早稲田《わせだ》の総長になれるように応援《おうえん》してほしい」

長谷部恭男守護霊　うーん、まあ、ありがとう。（月刊）「ザ・リバティ」で、「ありがとうございます」と、大きく書いといてくれな。

綾織　まあ、小さく出しておきたいと思います（笑）（会場笑）。

長谷部恭男守護霊　君、早稲田《わせだ》大学を敵に回しちゃいけないよ?

綾織　いや、別に敵に回しているわけではないですよ（苦笑）。

長谷部恭男守護霊　君たちも大学問題を抱《かか》えてんだから、やっぱりねえ、東大とか早稲田とかには応援《おうえん》を受けなきゃいけないんだよ。ねえ?

綾織　はい、重要な大学だと思います。

長谷部恭男守護霊　だから、私が早稲田の総長になれるように、応援でもしたほうがいいよ。

綾織　ああ、それもいいかもしれませんね。

長谷部恭男守護霊　（総長は早稲田の）卒業生でなければ駄目《だめ》かもしれないけれども。とにかく、もうちょっと有利になるように、ね？　私の給料が上がるように、プッシュをかける。〝一刺《ひとさ》し〟ね。

綾織　はい。ぜひ、頑張《がんば》ってください。

長谷部恭男守護霊　何だか釈然《しゃくぜん》としないけど、まあ……。

質問者一同　ありがとうございました。

11　長谷部氏守護霊の霊言《れいげん》を終えて

大川隆法　（手を二回叩《たた》く）というようなことでございました。

本人は衝撃《しょうげき》を受けるかと思います。おそらく、（自分の守護霊霊言《しゅごれいれいげん》を）読んだら、「こんなにペラペラと、いいかげんなことをしゃべって……」と思い、ショックを受けるでしょう。

だいたい、生きている人の守護霊霊言を出した場合、この世にいる本人は、まずショックを受けるらしいのです。

綾織　はい（笑）。

大川隆法　私のほうは、それを聞いて逆にショックを受けるのですが、有利なことばかりが書かれている人でも、読んだらショックを受けるのだそうです。不思議ですね。

例えば、（自分の守護霊霊言が出た）映画監督《かんとく》さんでも、こちらは、ほめているだけのつもりなのに、初見でショックを受けるらしいのです。

綾織　はい。

大川隆法　「守護霊が来て、しゃべったらしい」とか。

あるいは、女優さんでも、こちらは、ほめているだけのつもりでも、いちおうはショックは受けているようです。

しかも、「これは、本人と社長、副社長までしか知らないことなのに、なんで活字になってるんだ。誰《だれ》がバラしたんだ！」というようなことで、必死に、事務所のなかで捜索《そうさく》が始まったりするらしいのです。

綾織　それは、真実性があるショックですね。

大川隆法　そういう場合でも、いちおうショックを受けるらしいので、もし内容的に危険な領域に足を踏《ふ》み入れているようであれば、ショックは受けるかもしれませんね。

ただ、「早稲田《わせだ》にデモ隊が来てほしくない」という弱みを自分で言っておられました。ということは、本人が何か言ってきた場合、こちらは、「デモ隊が伺《うかが》うかもしれませんよ」と答えればよろしいのでしょうか（笑）。

綾織　なるほど。学生は大勢いますので。

大川隆法　ええ。

では、以上としましょう。ありがとうございました。

質問者一同　ありがとうございました。

あとがき

憲法学者の長谷部教授は、私が東大文I、法学部学生時代に何度かお見かけしたように思う。私のように、政治学と法律学の間で渡《わた》り鳥《どり》しながら、結局、宗教家になってしまったような、〝超〟異色《いしょく》の存在とは違って、法学部でよく見かけるオーソドックスな秀才に感じられた。しかし、その後は憲法学者として数多くの著書を発刊され、その言語感覚は法律学者として斬新《ざんしん》で、非常にプロダクティビティの高い方だと拝察申し上げていた。現職の憲法学者としては、日本の中心的存在であることは間違いない。

今回、宗教的アプローチで、守護霊インタビューという異例の形での御意見拝聴《はいちょう》を試みたが、「平和」をどういう方法で実現するか、という点について、「国民の知る権利」に奉仕できたと思っている。安倍政権の登場によって〝左翼《さよく》〟の定義が幅広くなっている点は、ご推察頂ければ幸いである。

二〇一五年　六月十四日

幸福《こうふく》の科学《かがく》グループ創始者兼総裁《そうししゃけんそうさい》
幸福実現党総裁《こうふくじつげんとうそうさい》　大川隆法《おおかわりゅうほう》

『左翼憲法学者の「平和」の論理診断』大川隆法著作関連書籍

『新・日本国憲法 試案』（幸福の科学出版刊）
『「現行日本国憲法」をどう考えるべきか』（同右）
『「特定秘密保護法」をどう考えるべきか
——藤木英雄・元東大法学部教授の緊急スピリチュアルメッセージ——』（同右）
『「集団的自衛権」はなぜ必要なのか』（幸福実現党刊）
『憲法改正への異次元発想
——憲法学者ＮＯＷ・芦部信喜 元東大教授の霊言——』（同右）
『中国と習近平に未来はあるか』（同右）
『大川真輝の「幸福の科学 大学シリーズ」の学び方』（大川真輝著 幸福の科学出版刊）

左翼憲法学者《さよくけんぽうがくしゃ》の「平和《へいわ》」の論理診断《ろんりしんだん》

2015年 6 月16日　初版第 1 刷

著　者　　大《おお》 川《かわ》 隆《りゅう》 法《ほう》

発行所　　幸福の科学出版株式会社

〒107-0052 東京都港区赤坂 2 丁目 10 番 14 号
TEL(03)5573-7700
http://www.irhpress.co.jp/

印刷・製本　株式会社 東京研文社

ISBN978-4-86395-687-2 C0030
写真：時事

大川隆法霊言シリーズ・日本の国防・外交への指針

憲法改正への異次元発想

憲法学者NOW・
芦部信喜 元東大教授の霊言

憲法九条改正、天皇制、政教分離、そして靖国問題……。参院選最大の争点「憲法改正」について、憲法学の権威が、天上界から現在の見解を語る。
【幸福実現党刊】

1,400円

「特定秘密保護法」をどう考えるべきか

藤木英雄・元東大法学部教授の
緊急スピリチュアルメッセージ

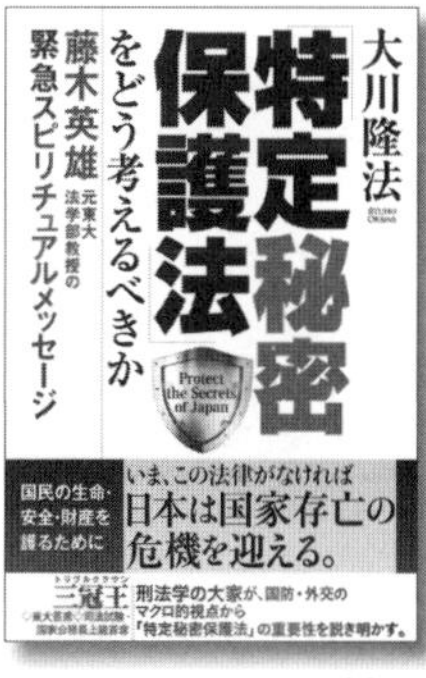

戦争の抑止力として、絶対、この法律は必要だ! 世論を揺るがす「特定秘密法案」の是非を、刑法学の大家が天上界から〝特別講義〟。

1,400円

外交評論家・岡崎久彦
——後世に贈る言葉——

帰天後3週間、天上界からのメッセージ。中国崩壊のシナリオ、日米関係と日ロ外交など、日本の自由を守るために伝えておきたい「外交の指針」を語る。

1,400円

大川隆法ベストセラーズ・幸福実現党が目指すもの

幸福実現党宣言

この国の未来をデザインする

政治と宗教の真なる関係、「日本国憲法」を改正すべき理由など、日本が世界を牽引するために必要な、国家運営のあるべき姿を指し示す。

1,600円

政治の理想について

幸福実現党宣言②

幸福実現党の立党理念、政治の最高の理想、三億人国家構想、交通革命への提言など、この国と世界の未来を語る。

1,800円

政治に勇気を

幸福実現党宣言③

霊査によって明かされる「金正日の野望」とは？ 気概のない政治家に活を入れる一書。孔明の霊言も収録。

1,600円

新・日本国憲法試案

幸福実現党宣言④

大統領制の導入、防衛軍の創設、公務員への能力制導入など、日本の未来を切り開く「新しい憲法」を提示する。

1,200円

夢のある国へ──幸福維新

幸福実現党宣言⑤

日本をもう一度、高度成長に導く政策、アジアに平和と繁栄をもたらす指針など、希望の未来への道筋を示す。

1,600円

※表示価格は本体価格（税別）です。

大川隆法ベストセラーズ・自由の大国を目指して

自由を守る国へ

国師が語る「経済・外交・教育」の指針

アベノミクス、国防問題、教育改革……。国師・大川隆法が、安倍政権の課題と改善策を鋭く指摘！ 日本の政治の未来を拓く「鍵」がここに。

1,500円

政治哲学の原点

「自由の創設」を目指して

政治は何のためにあるのか。真の「自由」、真の「平等」とは何か──。全体主義を防ぎ、国家を繁栄に導く「新たな政治哲学」が、ここに示される。

1,500円

自由の革命

日本の国家戦略と世界情勢のゆくえ

「集団的自衛権」は是か非か!? 混迷する国際社会と予断を許さないアジア情勢。今、日本がとるべき国家戦略を緊急提言！

1,500円

大川隆法霊言シリーズ・緊迫する東アジア情勢を読む

中国と習近平に未来はあるか
反日デモの謎を解く

「反日デモ」も、「反原発・沖縄基地問題」も中国が仕組んだ日本占領への布石だった。緊迫する日中関係の未来を習近平氏守護霊に問う。
【幸福実現党刊】

1,400円

守護霊インタビュー
金正恩《キムジョンウン》の本心直撃！

ミサイルの発射の時期から、日米中韓への軍事戦略、中国人民解放軍との関係──。北朝鮮指導者の狙いがついに明らかになる。
【幸福実現党刊】

1,400円

守護霊インタビュー
朴槿恵韓国大統領 なぜ、私は「反日」なのか

従軍慰安婦問題、安重根記念館、告げ口外交……。なぜ朴槿恵大統領は反日・親中路線を強めるのか？ その隠された本心と驚愕の魂のルーツが明らかに！

1,500円

※表示価格は本体価格（税別）です。

大川隆法 霊言シリーズ・法学・政治学の権威が語る

危機の時代の国際政治

藤原帰一東大教授守護霊インタビュー

「左翼的言論」は、学会やメディア向けのポーズなのか？ 日本を代表する国際政治学者の、マスコミには語られることのない本音が明らかに！

1,400円

スピリチュアル政治学要論

佐藤誠三郎・元東大政治学教授の霊界指南

憲法九条改正に議論の余地はない。生前、中曽根内閣のブレーンをつとめた佐藤元東大教授が、危機的状況にある現代日本政治にメッセージ。

1,400円

篠原一東大名誉教授「市民の政治学」その後

幸福実現党の時代は来るか

リベラル派の政治家やマスコミの学問的支柱となった東大名誉教授。その守護霊が戦後政治を総括し、さらに幸福実現党への期待を語った。
【幸福実現党刊】

1,400円

この地球《ほし》は、
宇宙に必要か？
大川隆法 製作総指揮
長編アニメーション映画
UFO学園の秘密
The Laws of The Universe Part 0
製作総指揮・原案／大川隆法
監督／今掛勇　脚本／「UFO 学園の秘密」
シナリオプロジェクト　音楽／水澤有一
総合プロデューサー／本地川瑞祥 松本弘司
美術監督／渋谷幸弘
VFX クリエイティブディレクター／粟屋友美子
キャスト／逢坂良太　瀬戸麻沙美　柿原徹也
金元寿子　羽多野渉　浪川大輔
アニメーション制作／ HS PICTURES STUDIO
幸福の科学出版作品　配給／日活
©2015 IRH Press
UFO学園　検索！
©2015 IRH Press　配給/日活　配給協力/東京テアトル　NIKKATSU
10月10日、全国一斉ロードショー！

幸福の科学グループのご案内

宗教、教育、政治、出版などの活動を通じて、地球的ユートピアの実現を目指しています。

宗教法人　幸福の科学

一九八六年に立宗。一九九一年に宗教法人格を取得。信仰の対象は、地球系霊団の最高大霊、主エル・カンターレ。世界百カ国以上の国々に信者を持ち、全人類救済という尊い使命のもと、信者は、「愛」と「悟り」と「ユートピア建設」の教えの実践、伝道に励んでいます。

（二〇一五年六月現在）

愛

幸福の科学の「愛」とは、与える愛です。これは、仏教の慈悲《じひ》や布施《ふせ》の精神と同じことです。信者は、仏法真理をお伝えすることを通して、多くの方に幸福な人生を送っていただくための活動に励んでいます。

悟り

「悟り」とは、自らが仏の子であることを知るということです。教学《きょうがく》や精神統一によって心を磨き、智慧《ちえ》を得て悩みを解決すると共に、天使・菩薩《ぼさつ》の境地を目指し、より多くの人を救える力を身につけていきます。

ユートピア建設

私たち人間は、地上に理想世界を建設するという尊い使命を持って生まれてきています。社会の悪を押しとどめ、善を推し進めるために、信者はさまざまな活動に積極的に参加しています。

国内外の世界で貧困や災害、心の病で苦しんでいる人々に対しては、現地メンバーや支援団体と連携して、物心両面にわたり、あらゆる手段で手を差し伸べています。

年間約３万人の自殺者を減らすため、全国各地で街頭キャンペーンを展開しています。

公式サイト **www.withyou-hs.net**

ヘレン・ケラーを理想として活動する、ハンディキャップを持つ方とボランティアの会です。視聴覚障害者、肢体不自由な方々に仏法真理を学んでいただくための、さまざまなサポートをしています。

公式サイト **www.helen-hs.net**

学部のご案内

人間幸福学部

人間学を学び、新時代を切り拓くリーダーとなる

人間の本質と真実の幸福について深く探究し、
高い語学力や国際教養を身につけ、人類の幸福に貢献する
新時代のリーダーを目指します。

経営成功学部

企業や国家の繁栄を実現し、未来を創造する人材となる

企業と社会を繁栄に導くビジネスリーダー・真理経営者や、
国家と世界の発展に貢献し
未来を創造する人材を輩出します。

未来産業学部

新文明の源流を創造するチャレンジャーとなる

未来産業の基礎となる理系科目を幅広く修得し、
新たな産業を起こす創造力と企業家精神を磨き、
未来文明の源流を開拓します。

校舎棟の正面

学生寮

体育館

教育

学校法人 幸福の科学学園

学校法人 幸福の科学学園は、幸福の科学の教育理念のもとにつくられた教育機関です。人間にとって最も大切な宗教教育の導入を通じて精神性を高めながら、ユートピア建設に貢献する人材輩出を目指しています。

幸福の科学学園

中学校・高等学校（那須本校）
2010年4月開校・栃木県那須郡（男女共学・全寮制）
TEL **0287-75-7777**
公式サイト **happy-science.ac.jp**

関西中学校・高等学校（関西校）
2013年4月開校・滋賀県大津市（男女共学・寮及び通学）
TEL **077-573-7774**
公式サイト **kansai.happy-science.ac.jp**

ハッピー・サイエンス・ユニバーシティ（HSU）
TEL **0475-32-7770**

仏法真理塾「サクセスNo.1」 TEL **03-5750-0747**（東京本校）

小・中・高校生が、信仰教育を基礎にしながら、「勉強も『心の修行』」と考えて学んでいます。

不登校児支援スクール「ネバー・マインド」 TEL **03-5750-1741**
心の面からのアプローチを重視して、不登校の子供たちを支援しています。
また、障害児支援の**「ユー・アー・エンゼル！」運動**も行っています。

エンゼルプランV TEL **03-5750-0757**
幼少時からの心の教育を大切にして、信仰をベースにした幼児教育を行っています。

シニア・プラン21 TEL **03-6384-0778**
希望に満ちた生涯現役人生のために、年齢を問わず、多くの方が学んでいます。

NPO 活動支援

学校からのいじめ追放を目指し、さまざまな社会提言をしています。また、各地でのシンポジウムや学校への啓発ポスター掲示等に取り組む一般財団法人「いじめから子供を守ろうネットワーク」を支援しています。

公式サイト **mamoro.org**
相談窓口 **TEL.03-5719-2170**
ブログ **blog.mamoro.org**

政治

幸福実現党

内《ない》憂《ゆう》外《がい》患《かん》の国難に立ち向かうべく、二〇〇九年五月に幸福実現党を立党しました。創立者である大川隆法党総裁の精神的指導のもと、宗教だけでは解決できない問題に取り組み、幸福を具体化するための力になっています。

党員の機関紙
「幸福実現NEWS」

TEL 03-6441-0754
公式サイト hr-party.jp

出版メディア事業

幸福の科学出版

大川隆法総裁の仏法真理の書を中心に、ビジネス、自己啓発、小説など、さまざまなジャンルの書籍・雑誌を出版しています。他にも、映画事業、文学・学術発展のための振興事業、テレビ・ラジオ番組の提供など、幸福の科学文化を広げる事業を行っています。

アー・ユー・ハッピー？
are-you-happy.com

ザ・リバティ
the-liberty.com

幸福の科学出版
TEL 03-5573-7700
公式サイト irhpress.co.jp

THE FACT
ザ・ファクト
マスコミが報道しない
「事実」を世界に伝える
ネット・オピニオン番組

Youtubeにて
随時好評配信中！

ザ・ファクト 検索

入会のご案内

あなたも、幸福の科学に集い、
ほんとうの幸福を
見つけてみませんか？

幸福の科学では、大川隆法総裁が説く仏法真理をもとに、
「どうすれば幸福になれるのか、また、
他の人を幸福にできるのか」を学び、実践しています。

入会

大川隆法総裁の教えを信じ、学ぼうとする方なら、どなたでも入会できます。入会された方には、『入会版「正心法語」』が授与されます。（入会の奉納は1,000円目安です）

ネットでも**入会**できます。詳しくは、下記URLへ。
happy-science.jp/joinus

三帰《さんき》誓願《せいがん》

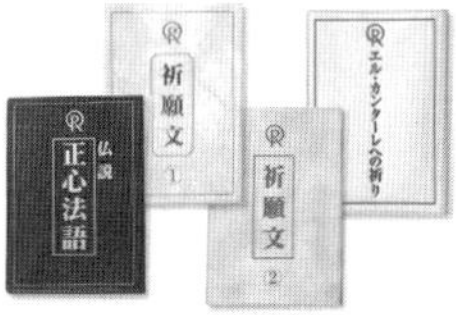

仏弟子としてさらに信仰を深めたい方は、仏・法・僧の三宝への帰依を誓う「三帰誓願式」を受けることができます。三帰誓願者には、『仏説・正心法語』『祈願文①』『祈願文②』『エル・カンターレへの祈り』が授与されます。

植福《しょくふく》の会

植福は、ユートピア建設のために、自分の富を差し出す尊い布施の行為です。布施の機会として、毎月1口1,000円からお申込みいただける、「植福の会」がございます。

「植福の会」に参加された方のうちご希望の方には、幸福の科学の小冊子（毎月1回）をお送りいたします。詳しくは、下記の電話番号までお問い合わせください。

月刊
「幸福の科学」

ザ・伝道

ヤング・ブッダ

ヘルメス・
エンゼルズ

INFORMATION

幸福の科学サービスセンター
TEL. 03-5793-1727（受付時間 火～金：10～20時／土・日・祝日：10～18時）
宗教法人 幸福の科学 公式サイト **happy-science.jp**